ATLAS DE CARRETERAS
ATLAS RODOVIÁRIO

España
& Portugal

Portugal
& Espanha

1:1 000 000 - 1 cm = 10 km

Índice de localidades
Índice das localidades

Cabo Ortegal
Estaca de Bares
Cariño
Cedeira
Porto do Barqueiro
Ortigueira
115
LU 862
Cervo
Burela
Campo del Hospital
Cabo Prior
AC 116
Atios
AC 862
549
Viveiro
LU 540
17
13 AC
Xubia
S. Sadurniño
A 64
Foz
S. Cosme
Ferreira
S. Martin de Mondoñedo
N 642
Ferrol
34F
31F
Fene
AC 861
49
As Pontes de García Rodríguez
Ourol
E. de la Ribeira
N 634
San Cosme
Ares
Neda
27F
54
Xistral
1033
Vilanova
Mondoñedo
Pontedeume
Oleiros
Sada
53
Carriño
Cabreiros
Río Eume
E. del Eume
11
Puerto da Xesta
545
A Ponteno
Sta Eulal de Osco
Gambón
40
583
565
567
Betanzos
Irixoa
10
24
LU 861
E 70
N 634
51
33
33
A 9
AC 542
AC 840
11
45
E 70
E 6
540
Villalba
LU 541
N 640
meson do Vento
Curtis
Teixeiro
N 634
Guitiriz
11
523
18
11
Baamonde
Río
Miño
Parajes
Meira
3
140
Río
de
N 640
Sierra
56
23
14
Sobrado dos Monxes
AC 840
841
9
510
23
Rábade
Outeiro de Rei
12
Castro
25
Pradairo
1029
LU 530
Corredoiras
78
Friol
25
15
NVI
497
493
Lugo
6
O Cádabo (Baleira)
N 634
16
Arzúa
AC 840
22
488
A 6
Castroverde
34
DE COMPOSTELA
E. de Portodemouros
Melide
15
Palas de Rei
17
N 547
Nadela
Corgo
Baralla
60
103
N 540
18
Guntín de Pallares
Miño
13
LU 546
Becerrea
13
64
98
Vila de Cruces
55
N 640
N 547
Monterroso
Portomarín
876
LU 636
23
AP 53
Golada
13
24
Sarriá
41
63
14
Lalín
N 533
Rodeiro
36
CRG 8
93
30
Taboada
Embalse de Belesar
LU 633
Samos
3
10
100
G A L I C I A
810
Chantada
Sta María la Real de Oseira
Escairón
35
Bóveda
34
Pedrafita do Cebreiro
La Barrela
CRG 21
Pico Piapaxaro
1607
Brués
43
Cea
N 525
E. de los Peares
11
N 120
147
Quiroga
Carballiño
N 541
Gargantas del Sil
Monforte de Lemos
28
44
Leiro
Ribas de Sil

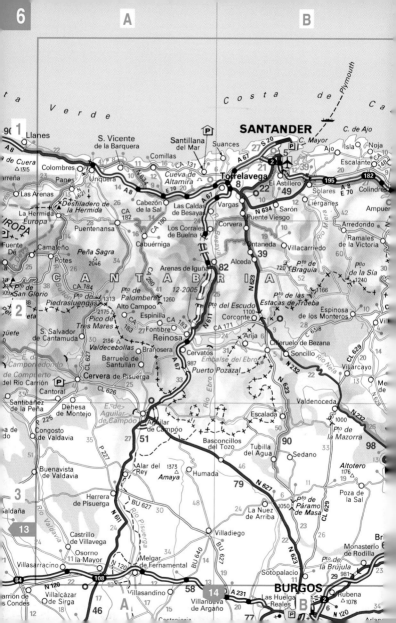

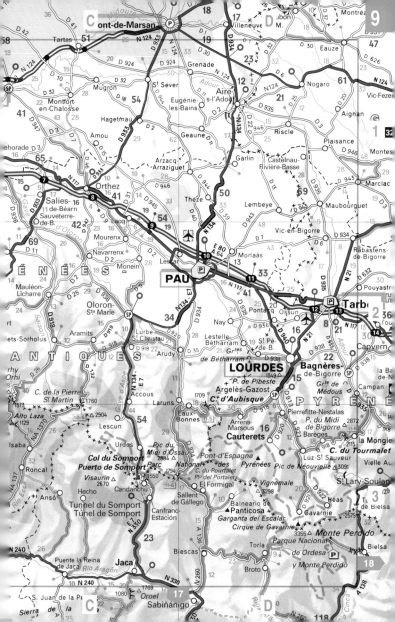

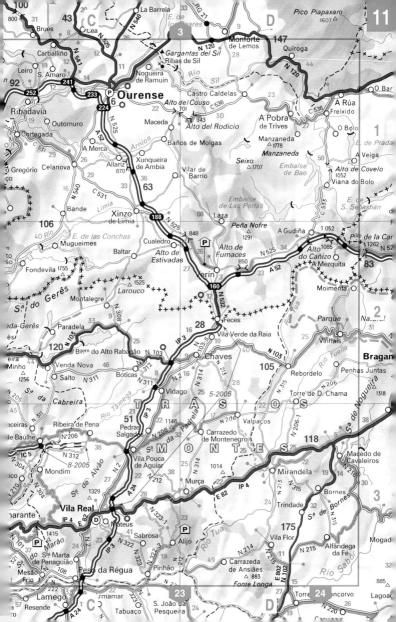

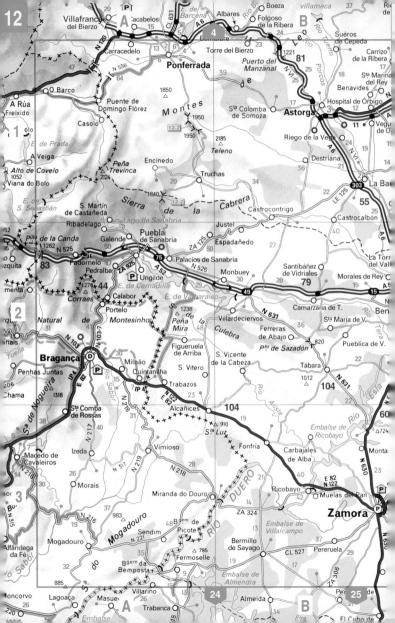

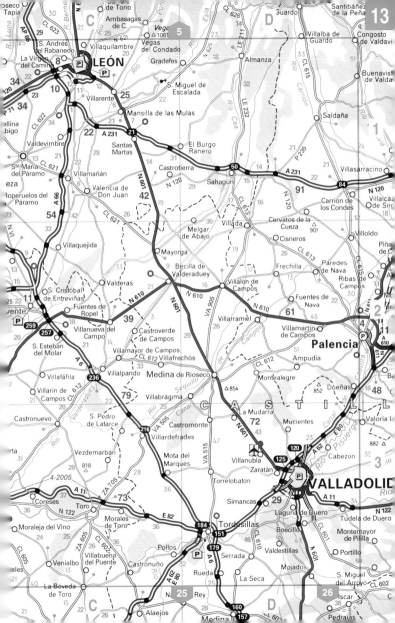

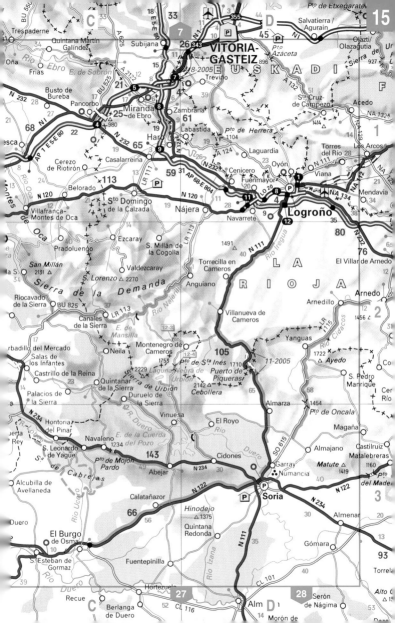

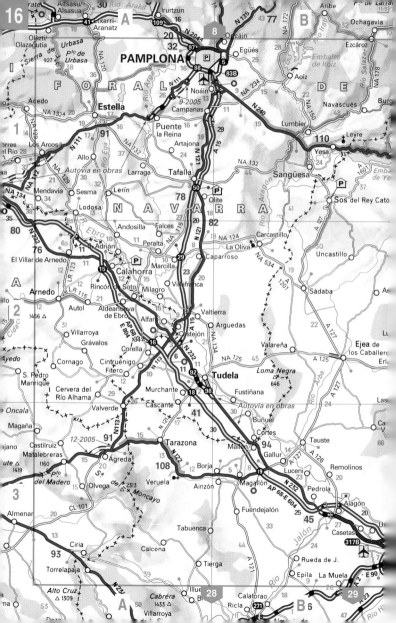

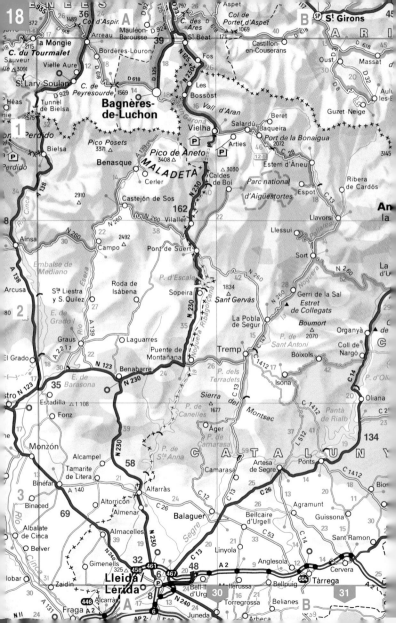

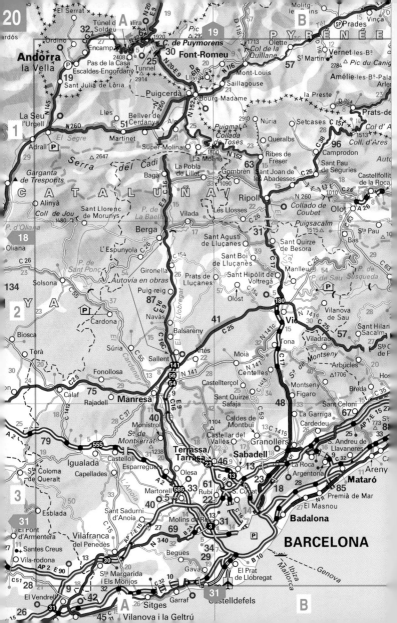

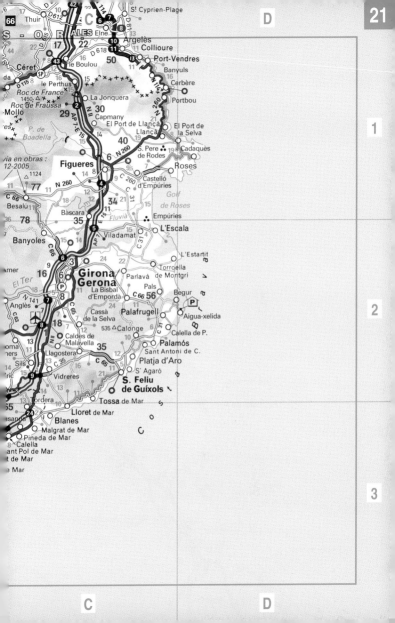

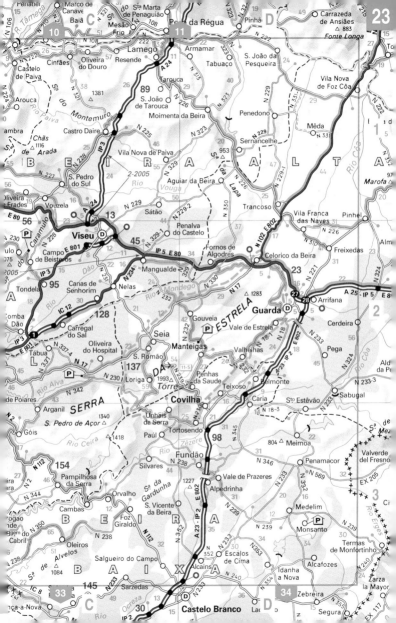

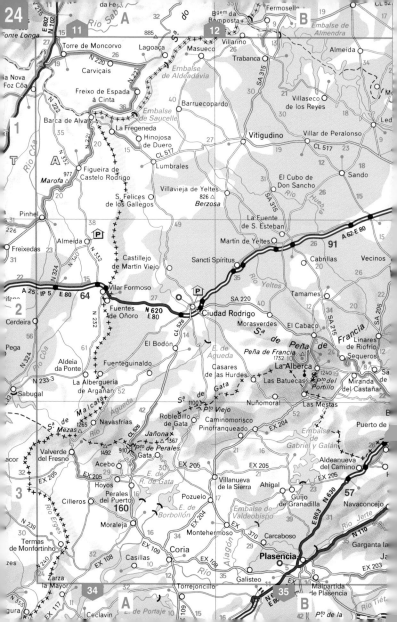

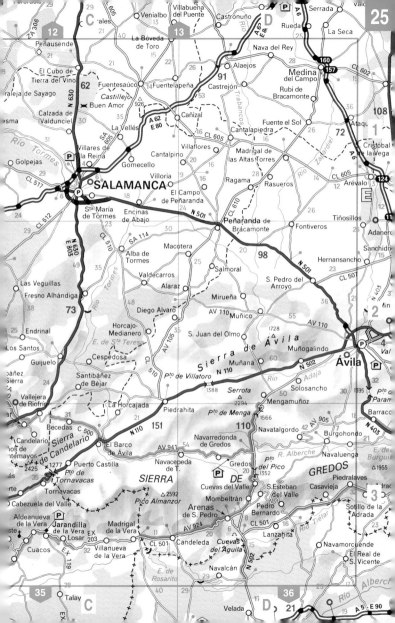

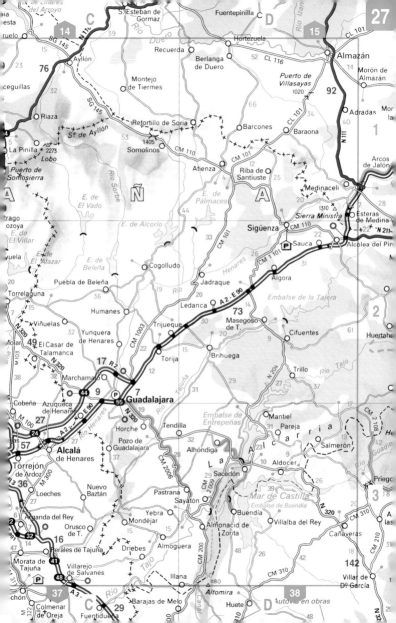

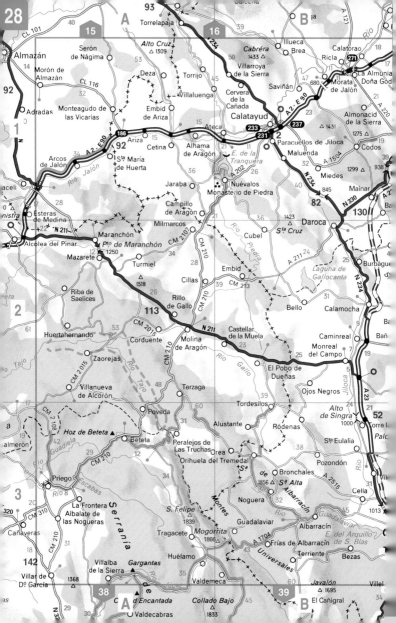

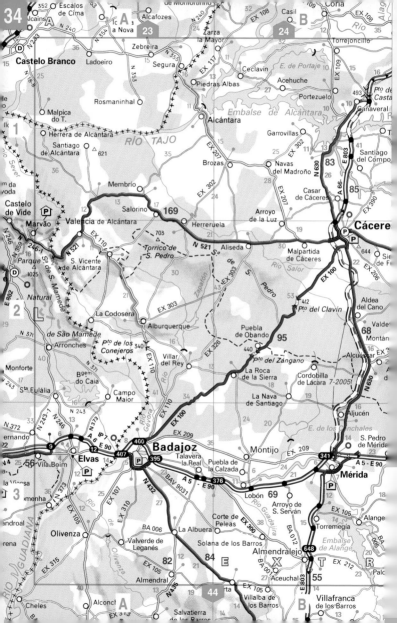

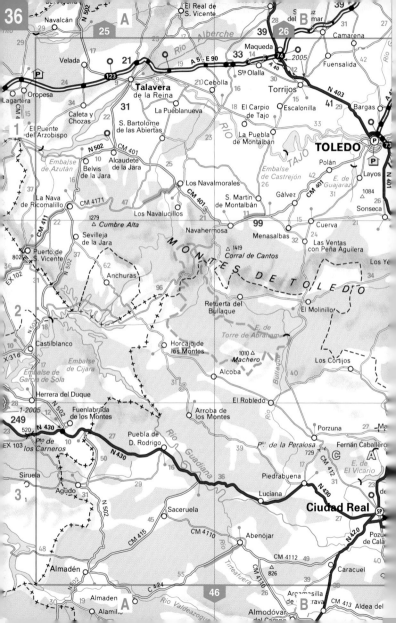

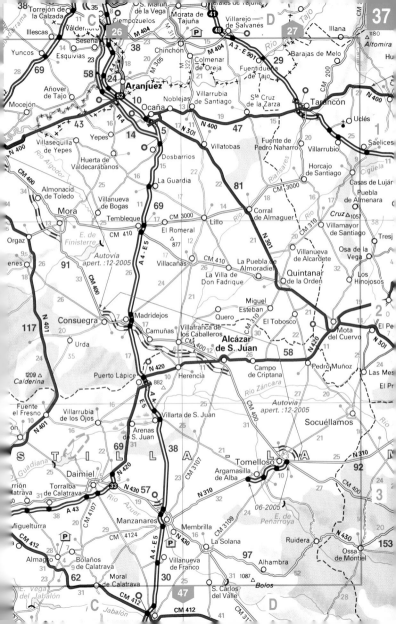

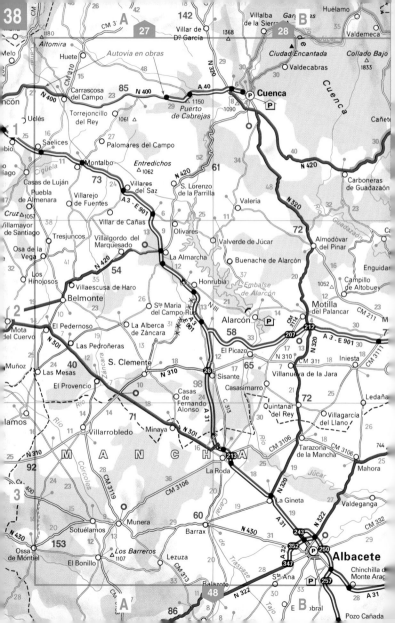

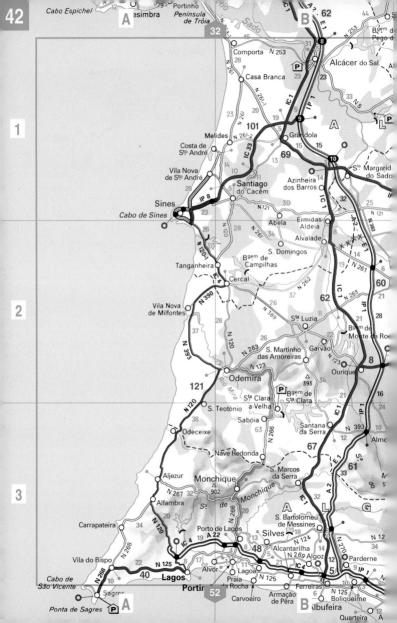

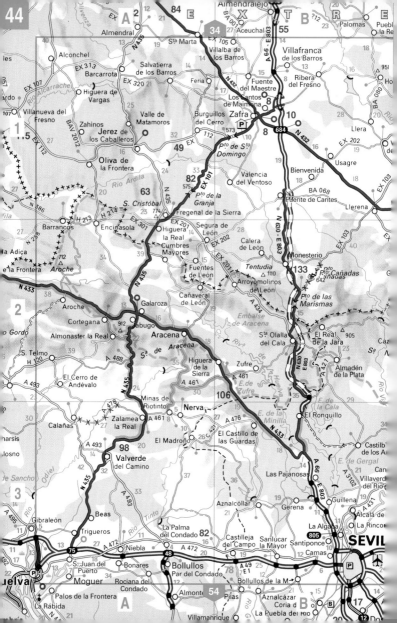

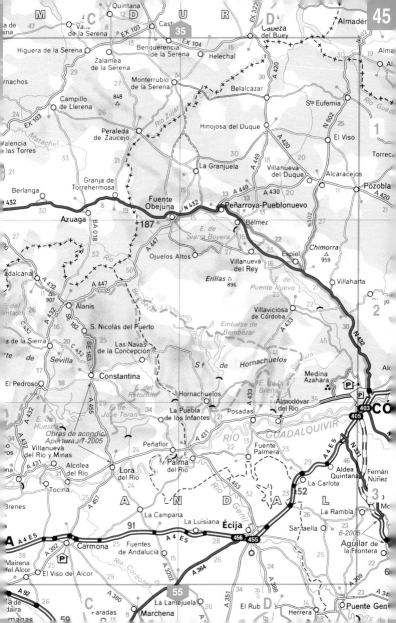

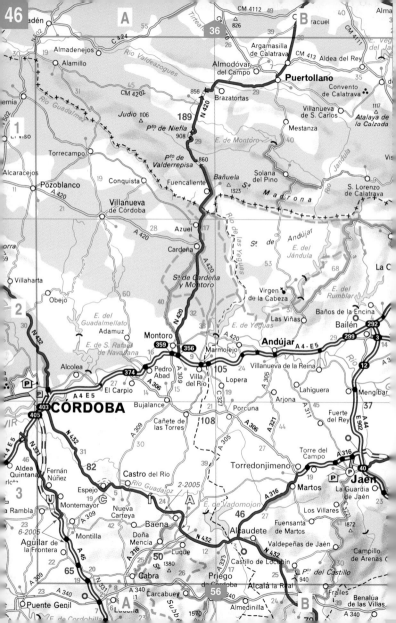

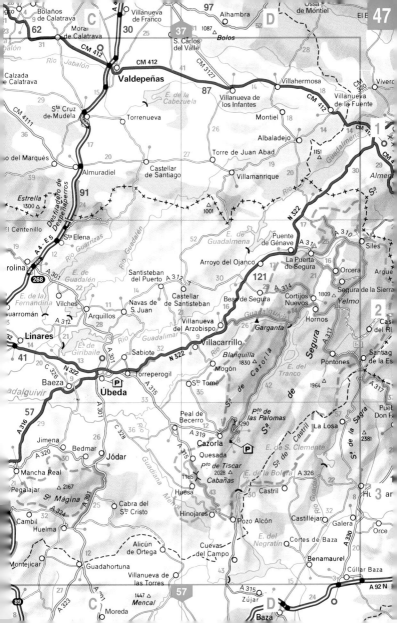

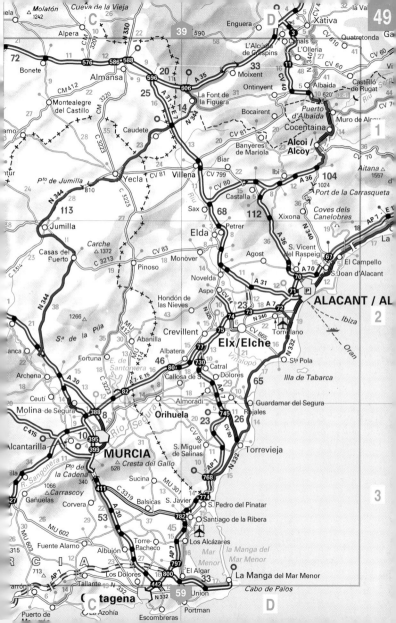

Sueca
mesí
Cullera
Alzira
Carcaixent
a Poblallarga
Tavernes de
la Valldigna
Quatretonda
CV 60
Villalonga
Castelló
de Rugat
Muro de Alcoy
Orba
El Castell de
Guadalest
Aitana
1557
Callosa
d'en Sarrià
de la Carrasqueta
es dels
elobres
Benidorm
La Vila Joiosa
El Campello
S.Joan d'Alacant

A

40

B

Favara
Xeresa
Gandia
Daimús
Platja i Grau de Gandia
Piles
Oliva
177
Pego
Ondara
El Montgo
Dénia
Xàbia/Jávea
Ibiza
Formentera
166
Gata de
Gorgos
Benissa
Moraira
Punta de Moraira
Penyal d'Ifac
Calp
Altea
Alfàs del Pi
Cap de Sant Antoni
Cap de la Nau

841
60
61
62
752
63
16
22
11
65
14
10

CV 700
CV 715
CV 755
CV 10
N 332
AP 7 · E 15

Puntagorda
Barlovento
Los Sauces
Parque nacional de la
Caldera de Taburiente
Sta Cruz de la Palma
Los Llanos de Aridane
Fuencaliente
LA PALMA
2426
68
22
30

TENERIFE
La Laguna
Puerto de la Cruz
STA CR
Icod de los Vinos
La Orotava
Güímar
Teide
3718
Parque nacional
del Teide
Guía de Isora
Granadilla de Abona
S. Nicolás de Tolen
Cru
33
TF 82
56
21
28

Vallehermoso
Hermigua
Garajonay
1487
(Parque nacional)
S. Sebastián
Los Cristianos
LA GOMERA

EL HIERRO
Valverde
Sabinosa
1503
Puerto de la Estaca
51

GRAN CA

3

A

B

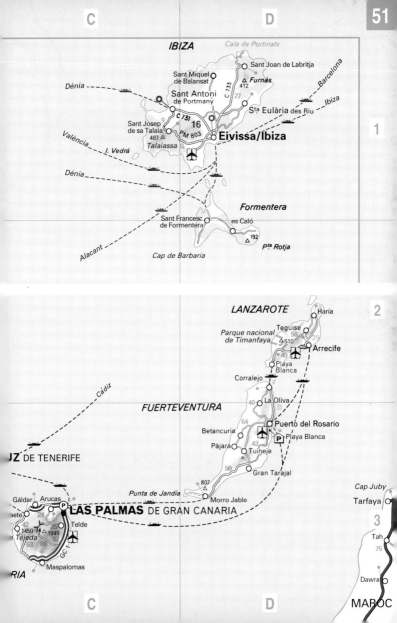

C **D**

1

IBIZA

Cala de Portinatx

Dénia

Sant Miquel
de Balansat

Sant Joan de Labritja

△ *Furnás*
412

C 733

27

Sant Antoni
de Portmany

C 731

16

Sta Eulària des Riu

Barcelona

Ibiza

Sant Josep
de sa Talaia

PM 803

Eivissa/Ibiza

València

9

I. Vedrá

487 △
Talaiassa

Dénia

Formentera

Sant Francesc
de Formentera

es Caló

△ 192

Alacant

Cap de Barbaria

P.ta Rotja

2

LANZAROTE

Haría

*Parque nacional
de Timanfaya*

Teguise
58

29

△ 510

40

Arrecife

Playa
Blanca

Corralejo

Cádiz

FUERTEVENTURA

40

La Oliva

31

64

Puerto del Rosario

Betancuria

P Playa Blanca

JZ DE TENERIFE

Pájara

43

Tuineje

50

807
△

Punta de Jandía

Gran Tarajal

Cap Juby

Gáldar

Arucas

P

LAS PALMAS DE GRAN CANARIA

Morro Jable

Tarfaya

aete

24

1450 △

△ 1949

Telde

Tejeda

63

86

GC 1

RIA

Maspalomas

3

Tah
75

Dawra

MAROC

C **D**

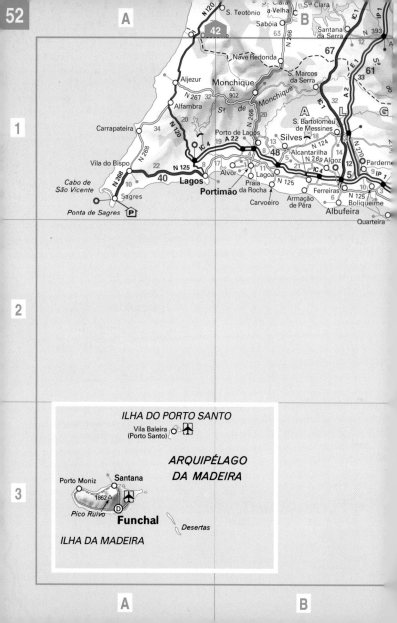

A **B**

N 120
S. Teotónio
a-Velha
Sª Clara
42
IC 1
Saboia
Santana
da Serra
N 266
N 393
63
IC 1
12
Nave Redonda
67
E 1
Aljezur
S. Marcos
da Serra
61
33
N 267 902
Sª de Monchique
IC 1
A 2
32
Alfambra
S. Bartolomeu
de Messines
Carrapateira
34
N 120
Porto de Lagos
N 124
A 22
Silves
N 270
IC 4
13 18
48
Parderne
Vila do Bispo
N 268
22
8
17
Alcantarilha
14
N 266
Algoz
12
N 270
IP 1
N 125
40
Lagos
8
11
5 21
N 269
5
9
10
Alvor
Lagoa
IC 4
3
Cabo de
São Vicente
Sagres
Portimão
Praia
da Rocha
N 125
Ferreiras
N 125
6
Boliqueime
Ponta de Sagres
Carvoeiro
Armação
de Pêra
Albufeira
Quarteira

1

2

ILHA DO PORTO SANTO

Vila Baleira
(Porto Santo)

ARQUIPÉLAGO
DA MADEIRA

Porto Moniz Santana

1862
Pico Ruivo

Funchal

Desertas

ILHA DA MADEIRA

3

A **B**

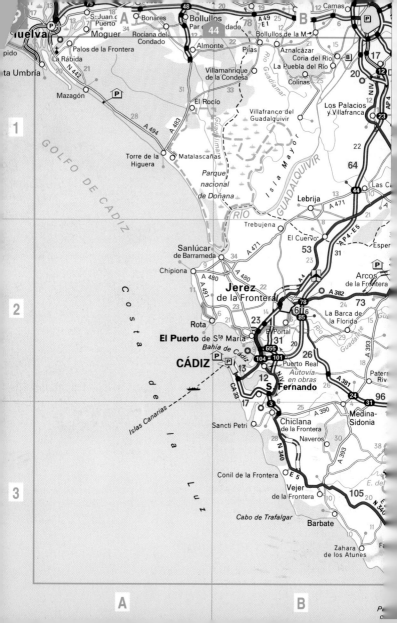

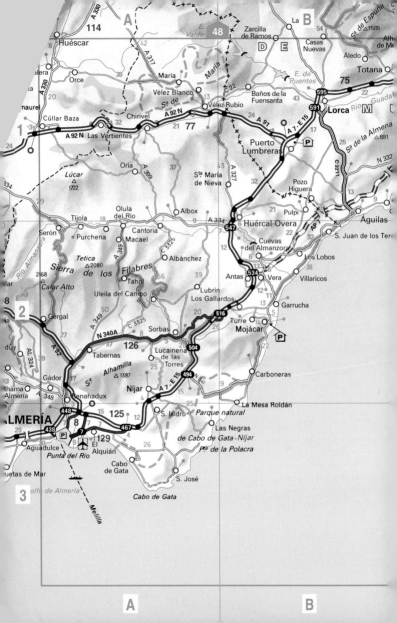

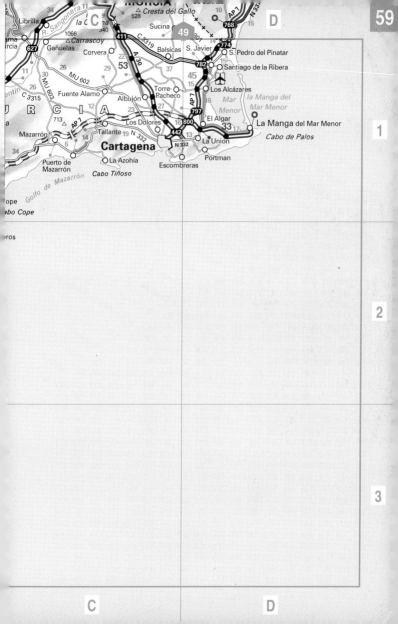

MURCIA

Librilla
Cresta del Gallo
528
10
AP 7
768
N 332
15
D

la C
1066
Carrascoy
Sucina
49
14
774
S. Pedro del Pinatar
Gañuelas
627
411
C 3319
Balsicas
15
782
Corvera
A 30
S. Javier
Santiago de la Ribera
22
53
29
37
Los Alcázares
MU 602
45
16
Mar
la Manga del
26
30
Torre-
Menor
Mar Menor
Fuente Alamo
Pacheco
AP 7
Albujón
797
El Algar
713
12
23
27
La Manga del Mar Menor
AP 7
Los Dolores
16
800
33
Cabo de Palos
Mazarrón
14
Tallante
19
N 332
442
La Unión
34
6
Cartagena
13
N 332
La Azohía
Escombreras
Portman
Puerto de
Mazarrón
Cabo Tiñoso
Golfo de Mazarrón

ope
abo Cope

eros

C   D

1

2

3

Distance table (distances in km between Spanish and Portuguese cities).

	Alacant / Alicante	Albacete	Almería	Andorra la Vella	Badajoz	Barcelona	Bilbao	Burgos	Cáceres	Cádiz	Coimbra	Córdoba	A Coruña	Donostia-San Sebastián	Faro	Granada	León	Lisboa
Albacete	169																	
Almería	294	355																
Andorra la Vella	635	609	893															
Badajoz	819	540	620	1014														
Barcelona	538	512	797	192	1019													
Bilbao	805	638	952	545	695	606												
Burgos	650	483	797	599	541	604	161											
Cáceres	718	551	670	914	95	919	599	448										
Cádiz	647	606	463	1269	334	1124	986	831	385									
Coimbra	929	761	968	1136	253	1141	696	542	301	606								
Córdoba	508	348	316	1011	266	865	801	646	317	261	572							
A Coruña	1017	849	1139	1084	663	1089	555	481	657	1015	417	988						
Donostia-San Sebastián	774	698	1013	451	757	566	99	223	660	1047	757	862	649					
Faro	803	691	611	1353	328	1208	1018	863	420	321	448	347	853	1079				
Granada	354	326	162	984	468	888	828	673	516	296	816	160	1015	889	453			
León	759	591	881	769	496	774	330	171	398	786	521	730	318	391	817	754		
Lisboa	991	767	799	1241	227	1246	865	710	316	514	207	494	611	926	278	641	664	
	515	488	774	153	863	155	451	764	1118	985	861	941	410	1202	829	622	1092	
	668	568	883	468	656	474	136	115	558	990	655	732	596	168	976	756	285	824
	423	255	547	613	405	619	395	240	305	654	506	396	594	456	697	421	335	633
	476	438	207	1070	425	975	937	782	475	240	745	165	1124	998	411	125	865	604
	86	147	225	680	656	585	785	629	697	573	908	435	995	845	732	281	736	927
	871	703	993	831	605	892	290	290	511	895	632	842	295	385	926	866	123	777
	692	579	918	478	749	483	157	214	651	1065	748	808	703	82	1070	832	385	917
	980	812	1079	1136	369	1141	697	561	417	722	123	689	302	758	558	920	407	317
	630	463	752	838	296	843	398	244	203	587	302	518	456	459	618	625	197	471
	804	636	951	644	666	705	103	156	568	956	665	800	462	197	987	824	268	835
	518	350	640	645	390	651	353	198	300	747	447	489	528	413	768	513	269	616
	602	486	410	1149	214	1004	866	711	265	126	536	143	923	927	198	252	661	395
	398	231	500	696	362	701	470	319	262	607	529	349	665	535	691	373	406	589
	180	192	438	448	754	352	628	587	654	779	865	521	953	587	863	493	693	982
	614	447	736	719	415	724	280	125	320	704	417	585	439	341	735	609	140	586
	1017	849	1139	1117	515	1123	658	542	563	867	269	835	160	752	704	1012	389	463
	760	593	907	559	652	564	65	117	554	942	651	757	606	107	973	781	288	820
	514	402	740	302	716	308	304	320	617	971	838	713	794	263	1055	737	475	944

DISTANCIAS ENTRE LAS CIUDADES PRINCIPALES

El kilometraje está calculado desde el centro de la ciudad y por la carretera más práctica para el automovilista, que no tiene porqué ser la más corta.

DISTÂNCIAS ENTRE AS CIDADES PRINCIPAIS

As distâncias são calculadas desde o centro da cidade e pela estrada mais prática para o automobilista mas que não é necessariamente a mais curta.

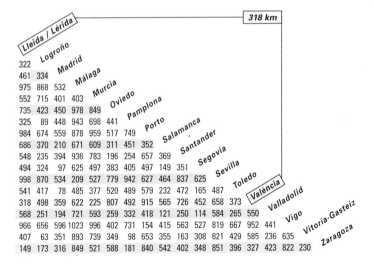

ÍNDICE DE LOCALIDADES

12 B2 : Envio a la página del atlas y cuadrícula correspondiente

ÍNDICE DAS LOCALIDADES

12 B2 : Número da página e coordenadas da quadrícula

Andorra

Andorra la Vella 19 C1
Encamp 19 C1
Escaldes Engordany 19 C1

Ordino 19 C1
Pas de la Casa 19 C1
Sant Juliá de Lória 19 C2

Serrat (El) 19 C1
Soldeu 19 C1

España - Espanha

A

Abades 26 A2
Abadiño 7 D2
Abanilla 49 C2
Abejar 15 C3
Abejuela 39 D1
Abenójar 36 B3
Abiego 17 D2
Abla 57 D1
Acebo 24 A3
Acedo 7 D3
Acehuche 34 B1
Aceuchal 34 B3
Adamuz 46 A2
Adanero 26 A2
Ademuz 39 C1
Adra 57 D2
Adrada (La) 26 A3
Adradas 27 D1
Adrall 18 B2
Agaete 51 C3
Àger 18 A3
Agoitz 8 B3

Agost 49 D2
Agramunt 18 B3
Ágreda 16 A3
Aguadulce (Almería) 57 D2
Aguadulce (Sevilla) 55 D1
Aguaviva 29 D2
Agudo 36 A3
Aguilafuente 26 B1
Aguilar de Campóo 6 A3
Aguilar de
   la Frontera 46 A3
Aguilar del Alfambra 29 C3
Águilas 58 B1
Ahigal 24 B3
Aigua Blava 21 D2
Ainsa 17 D2
Ainzón 16 B3
Ajo 6 B1
Alacant / Alicante 49 D2
Alaejos 25 D1
Alagón 16 B3
Alaior 41 C1
Alameda 56 A1
Alamillo 46 A1
Alange 34 B3

Alanís 45 C2
Alar del Rey 6 A3
Alaraz 25 D2
Alarcón 38 B2
Alatoz 39 C3
Alba de Tormes 25 C2
Albacete 38 B3
Albaida 49 D1
Albaladejo 47 D1
Albalate de Cinca 17 D3
Albalate de
   las Nogueras 28 A3
Albalate del Arzobispo 29 D2
Albánchez 58 A2
Albarca 30 B1
Albares de la Ribera 4 B3
Albarracín 28 B3
Albatana 48 B1
Albatera 49 D2
Alberca de Záncara (La) ... 38 A2
Alberca (La) 24 B2
Alberguería
   de Argañán (La) 24 A2
Alberic 39 D3
Albocàsser 30 A3

Alboloduy 57 D2
Albolote 56 B1
Alborea 39 C3
Albox 58 A1
Albuera (La) 34 A3
Albujón 49 C3
Albuñol 57 C2
Alburquerque 34 A2
Alcadozo 48 B1
Alcalá de Guadaíra 55 C1
Alcalá de Henares 27 C3
Alcalá de la Selva 29 C3
Alcalá de los Gazules 55 C3
Alcalà de Xivert 30 A3
Alcalá del Júcar 39 C3
Alcalá del Río 44 B3
Alcalá la Real 56 B1
Alcampel 18 A3
Alcañices 12 A3
Alcañiz 29 C2
Alcanar 30 A3
Alcántara 34 A1
Alcantarilla 49 C3
Alcaracejos 45 D1
Alcaraz 48 A1
Alcarràs 30 A1
Alcaudete 46 B3
Alcaudete de la Jara 36 A1
Alcaufar 41 D1
Alcázar de San Juan 37 D2
Alcázares (Los) 49 D3
Alceda 6 D2
Alcoba de los Montes 36 B2
Alcobendas 26 B3
Alcocer 27 D3
Alcoi / Alcoy 49 D1
Alcolea 46 A2
Alcolea de Cinca 17 D3
Alcolea del Pinar 27 D2
Alcolea del Río 45 C3
Alconchel 44 A1
Alcora (L') 40 A1
Alcorisa 29 D2
Alcossebre 40 B1
Alcover 31 C1
Alcoy / Alcoi 49 D1
Alcubierre 17 C3
Alcubilla de Avellaneda ...15 D3
Alcublas 39 D2
Alcúdia 41 C2
Alcúdia de Crespins (L') ...39 D3
Alcudia de Guadix 57 D1
Alcúdia (L') 39 D3

Alcuéscar 34 B2
Aldea del Cano 34 B2
Aldea del Fresno 26 A3
Aldea del Rey 46 B1
Aldea (L') 30 B2
Aldea Quintana 45 D3
Aldeacentenera 35 D2
Aldeanueva de Ebro 16 A2
Aldeanueva de la Vera ...25 C3
Aldeanueva del Camino ...24 B3
Aledo 48 B3
Alfajarín 17 C3
Alfambra 29 C3
Alfaro 16 A2
Alfarràs 18 A3
Alfàs del Pi (L') 50 A2
Algaba (La) 44 B3
Algaida 41 C2
Algar 55 C2
Algar de Palància 40 A2
Algar (El) 59 D1
Algarinejo 56 B1
Algarrobo 56 B2
Algatocín 55 C2
Algeciras 55 C3
Algemesí 40 A3
Alginet 40 A3
Algodonales 55 C2
Algora 27 D2
Alhama de Almería 57 D2
Alhama de Aragón 28 A1
Alhama de Granada 56 B2
Alhama de Murcia 48 B3
Alhambra 37 D3
Alhaurín el Grande 56 A2
Alhóndiga 27 D3
Alía 35 D2
Aliaga 29 C3
Aliaguilla 39 C2
Alicante / Alacant 49 D2
Alicún de Ortega 47 C3
Alinyà 19 C2
Aliseda 34 B2
Aljucén 34 B3
Allariz 11 C1
Allepuz 29 C3
Allo 8 A3
Alloza 29 D2
Almacelles 18 A3
Almáchar 56 A2
Almadén 36 A3
Almadén de la Plata 44 B2
Almadenejos 46 A1

Almagro 37 C3
Almajano 15 D3
Almansa 49 C1
Almanza 13 C1
Almaraz 35 D1
Almarcha (La) 38 A2
Almargen 55 D1
Almarza 15 D3
Almassora 40 A1
Almazán 27 D1
Almedinilla 56 B1
Almeida 24 B1
Almenar 18 A3
Almenar de Soria 15 D3
Almenara 40 A2
Almendral 34 A3
Almendralejo 34 B3
Almendro (El) 43 D3
Almería 58 A3
Almerimar 57 D2
Almodóvar del Campo 46 B1
Almodóvar del Pinar 38 B2
Almodóvar del Río 45 D3
Almogía 56 A2
Almoguera 27 C3
Almoharín 35 C2
Almonacid de Toledo 37 C1
Almonacid de Zorita 27 D3
Almonació de la Sierra ...28 B1
Almonaster la Real 44 A2
Almonte 54 A1
Almoradí 49 D2
Almorox 26 A3
Almudévar 17 C2
Almuñécar 56 B2
Almunia de
   Doña Godina (La) 28 B1
Almuradiel 47 C1
Álora 56 A2
Alosno 43 D3
Alozaina 55 D2
Alp 19 C2
Alpera 39 C3
Alquián (El) 58 A3
Altea 50 A2
Altorricón 18 A3
Altsasu 8 A3
Altura 39 D1
Altzola 7 D2
Alustante 28 B3
Alzira 40 A3
Ambasaguas 5 C3
Amer 20 B2

Ametlla de Mar (L') 30 B2
Amorebieta 7 D2
Ampolla (L') 30 B2
Amposta 30 B3
Ampudia 13 D2
Ampuero 7 C1
Amurrio 7 C2
Amusco 14 A2
Añover de Tajo 37 C1
Anchuras 36 A2
Andoain 8 A2
Andorra 29 C2
Andosilla 16 A2
Andraitx / Andratx 40 B2
Andraitx / Andratx 40 B2
Andújar 46 B2
Anglès 21 C2
Anglesola 18 B3
Angüés 17 D2
Anguiano 15 D2
Ansó 9 C3
Antas 58 B2
Antequera 56 A1
Antilla (La) 53 D1
Aoiz 8 B3
Aracena 44 A2
Arahal (El) 55 C1
Aranda de Duero 14 B3
Aranjuez 37 C1
Arantzazu 7 D2
Aras de los Olmos 39 C1
Aravaca 26 B3
Arbeca 30 B1
Arbúcies 19 D3
Archena 49 C2
Archidona 56 A1
Arcos 14 B2
Arcos de Jalón 28 A1
Arcos de la Frontera 55 C2
Arcos (Los) 8 A3
Arcusa 17 D2
Ardales 55 D2
Ardisa 17 C2
Areeta 7 C1
Arenas de Cabrales 5 D2
Arenas de San Juan 37 C3
Arenas de San Pedro 25 D3
Arenas de Iguiña 6 A2
Arenys de Mar 20 B3
Ares 3 C1
Arévalo 26 A1
Argamasilla de Alba 37 D3
Argamasilla

de Calatrava 46 B1
Arganda del Rey 27 C3
Argente 29 C2
Argentona 20 B3
Arguedas 16 A2
Arguellite 48 A2
Arguis 17 C2
Aribe 8 B3
Arija 6 B2
Ariño 29 D2
Ariza 28 A1
Arjona 46 B2
Arlanzón 14 B2
Armilla 57 C1
Arnedillo 15 D2
Arnedo 16 A2
Arnés 30 A2
Aroche 44 A2
Arquillos 47 C2
Arrabal 10 A1
Arrasate / Mondragón 7 D2
Arrecife 51 D2
Arredondo 6 B2
Arrigorriaga 7 C2
Arriondas 5 D2
Arroba de los Montes 36 A3
Arroyo de San Serván 34 B3
Arroyo del Ojanco 47 D2
Arroyo de la Luz 34 A2
Arroyomolinos de Léon 44 B2
Arroyomolinos

de Montánchez 35 C2
Artà 41 C2
Artajona 8 A3
Artea 7 D2
Artés 19 C3
Artesa de Segre 18 B3
Arties 18 B1
Artziniega 7 C2
Arucas 51 C3
Arzúa 3 C2
Ascó 30 B1
Asín 16 B2
Aspe 49 D2
Astillero (El) 6 B1
Astorga 12 B1
Astudillo 14 A2
Ataquines 25 D1
Ateca 28 B1
Atienza 27 D1
Atios 3 C1
Atzeneta del Maestrat 40 A1
Auritz 8 B2

Autol 16 A2
Ávila 26 A2
Avilés 5 C1
Avión 10 B1
Ayamonte 53 D1
Ayerbe 17 C2
Ayllón 27 C1
Ayna 48 A1
Ayora 39 C3
Azaila 29 D1
Azkoitia 7 D2
Aznalcázar 54 B1
Aznalcóllar 44 B3
Azohía (La) 59 C1
Azpeitia 8 A2
Azuaga 45 C1
Azuara 29 C1
Azuel 46 A2
Azuqueca de Henares 27 C3

B

Baamonde 3 D2
Badajoz 34 A3
Badalona 20 B3
Badolatosa 56 A1
Badules 28 B1
Baena 46 A3
Baeza 47 C2
Bàga 19 C2
Bailén 46 B2
Baio 2 B2
Baiona 10 A1
Baiuca (A) 2 B1
Bakio 7 D1
Balaguer 18 A3
Balanegra 57 D2
Balazote 48 A1
Balerma 57 D2
Ballobar 17 D3
Balmaseda 7 C2
Balneario de Panticosa 9 D3
Balsareny 19 C3
Balsicas 49 C3
Baltanás 14 A2
Baltar 11 C2
Bañeza (La) 12 B1
Bañón 29 C2
Baños de Cerrato 14 A2
Baños de Guardias

Viejas (Los) 57 D2
Baños de la Encina 46 B2

Baños de la Fuensanta	48	B3
Baños de Molgas	11	C1
Baños de Montemayor	24	B3
Bande	11	C1
Banyalbufar	40	B2
Banyeres de Mariola	49	D1
Banyoles	21	C2
Baqueira	18	B1
Barajas de Melo	37	D1
Barakaldo	7	C2
Baralla	3	D3
Baraona	27	D1
Barbadillo del Mercado	15	C1
Barbastro	17	D3
Barbate	54	B3
Barca de la Florida (La)	54	B2
Barcarrota	44	A1
Barcelona	20	B3
Barco de Ávila (El)	25	C3
Barco (O)	12	A1
Barcones	27	D1
Bargas	36	B1
Barlovento	50	A3
Barrachina	29	C2
Barraco	26	A3
Barranda	48	B2
Barrax	38	A3
Barrela (La)	3	C3
Barrios (Los)	55	C3
Barruecopardo	24	A1
Barruelo de Santullán	6	A2
Bàscara	21	C1
Basconcillos del Tozo	6	A3
Batea	30	A2
Baza	57	D1
Beariz	2	B3
Beas	44	A3
Beas de Segura	47	D2
Beasain	8	A2
Becedas	25	C3
Beceite	30	A2
Becerreá	3	D3
Becilla de Valderaduey	13	C2
Bedmar	47	C3
Begues	20	A3
Begur	21	C2
Behobia	8	A2
Béjar	25	C3
Bel	30	A3
Belalcázar	45	D1
Belchite	29	C1
Belianes	30	B1
Bell-lloc d'Urgell	18	A3
Bellcaire d'Urgell	18	B3
Bello	28	B2
Bellpuig	18	B3
Bellver de Cerdanya	19	C2
Bélmez	45	D2
Belmonte	38	A2
Belmonte de Miranda	4	B2
Belorado	15	C1
Belver	17	D3
Belvís de la Jara	36	A1
Bembibre	4	B3
Benabarre	18	A2
Benaguasil	39	D2
Benahadux	58	A2
Benalmádena	56	A2
Benalmádena-Costa	56	A2
Benalúa de Guadix	57	C1
Benalúa de las Villas	56	B1
Benamargosa	56	A2
Benamaurel	47	D3
Benamejí	56	A1
Benaoján	55	D2
Benasque	18	A1
Benassal	29	D3
Benavente	13	C2
Benavides	12	B1
Benicarló	30	A3
Benicasim / Benicàssim	40	B1
Benicàssim / Benicasim	40	B1
Benidorm	50	A2
Benifaió	40	A3
Benissa	50	A2
Benquerencia de la Serena	45	C1
Bera	8	A2
Berbegal	17	D3
Berberana	7	C2
Beret	18	B1
Berga	19	C2
Bergara	7	D2
Berja	57	D2
Berlanga	45	C1
Berlanga de Duero	27	D1
Bermeo	7	D1
Bermillo de Sayago	12	B3
Bertamiráns	2	B2
Berzocana	35	D2
Besalú	21	C1
Besande	5	D3
Betancuria	51	D3
Betanzos	3	C2
Betelu	8	A2
Bétera	40	A2
Beteta	28	A3
Bezas	28	B3
Béznar	57	C2
Biar	49	D1
Biasteri / Laguardia	7	D3
Bielsa	18	A1
Bienvenida	44	B1
Biescas	9	D3
Bilbao	7	C2
Binaced	17	D3
Binéfar	18	A3
Bisbal de Falset (La)	30	B1
Bisbal d'Empordà (La)	21	C2
Blanca	49	C2
Blanes	21	C3
Boal	4	A2
Bocairent	49	D1
Boceguillas	26	B1
Bodón (El)	24	A2
Boecillo	13	D3
Boeza	4	B3
Bogarra	48	A1
Boiro	2	B3
Bóixols	18	B2
Bolaños de Calatrava	37	C3
Bollullos de la Mitación	43	B3
Bollullos Par Del Condado	44	A3
Bolo (O)	11	D1
Boltaña	17	D2
Boñar	5	C3
Bonares	44	A3
Bonete	49	C1
Bonillo (El)	38	A3
Borges Blanques (Les)	30	B1
Borja	16	B3
Bornos	55	C2
Borriana / Burriana	40	A1
Borriol	40	A1
Bosque (El)	55	C2
Bossòst	18	A1
Bóveda	3	D3
Bóveda de Toro (La)	13	C3
Brañosera	6	A2
Brazatortas	46	B1
Brea	28	B3
Breda	20	B2
Brenes	45	C3
Brihuega	27	D2
Briviesca	7	C3
Bronchales	28	B3
Broto	9	D3
Brozas	34	B1
Brués	3	C3

Brunete....................26 B3
Buenache de Alarcón 38 B2
Buenavista de Valdavia....13 D1
Buendía....................27 D3
Bueu........................10 B1
Buitrago del Lozoya........26 B2
Bujalance..................46 A2
Bujaraloz..................29 D1
Bullas.....................48 B3
Buñuel.....................16 B3
Buñol......................39 D2
Burbáguena.................28 B2
Burela......................3 D1
Burgo (El)................55 D2
Burgo de Osma (El) 15 C3
Burgohondo................25 D3
Burgo Ranero (El) 13 D1
Burgos....................14 B1
Burgui......................9 C3
Burguillos del Cerro.......44 A1
Burjassot.................40 A2
Burriana / Borriana.......40 A1
Busto de Bureba.............7 C3

C

Cabaco (El)................24 B2
Cabañaquinta...............5 C2
Cabanes...................40 A1
Cabeza del Buey...........35 D3
Cabezas de
  San Juan (Las) 54 B1
Cabezas Rubias............43 D2
Cabezón...................13 D3
Cabezón de la Sal 6 A1
Cabezuela del Valle.......25 C3
Cabo de Gata..............58 A3
Cabra.....................46 A3
Cabra del Santo Cristo 47 C3
Cabreiros..................3 D1
Cabrera (La)..............26 B2
Cabrillas.................24 B2
Cabuerniga.................6 A2
Cacabelos..................4 A3
Cáceres...................34 B2
Cachafeiro.................2 B3
Cádabo (O).................3 D2
Cadalso de los Vidrios....26 A3
Cadaqués..................21 D1
Cádiar....................57 C2
Cádiz.....................54 B2
Caión.....................2 B1

Cala en Porter............41 D1
Cala Rajada...............41 D2
Calabor...................12 A2
Calaceite.................30 A2
Calaf.....................19 C3
Calafell..................31 C1
Calahonda.................57 C2
Calahorra.................16 A2
Calahorra (La)............57 D1
Calamocha.................28 B2
Calañas...................44 A3
Calanda...................29 D2
Calasparra................48 B2
Calatañazor...............15 C3
Calatayud.................28 B1
Calatorao.................28 B1
Calcena...................16 A3
Caldas de Besayas (Las)....6 A1
Caldas de Reis.............2 B3
Caldes de Boí.............18 B1
Caldes de Malavella.......21 C2
Caldes de Montbui.........20 B3
Calella...................21 C3
Calella de Palafrugell....21 C2
Calera de León............44 B2
Calera y Chozas...........36 A1
Caleruega.................14 B3
Càlig.....................30 A3
Callosa de Segura.........49 C2
Callosa d'en Sarrià.......50 A2
Caló de Sant Agustí.......51 D2
Calonge...................21 C2
Calp / Calpe..............50 A2
Calpe / Calp..............50 A2
Calzada de Calatrava......46 B1
Calzada de Oropesa (La)...35 D1
Calzada de Valdunciel.....25 C1
Camaleño...................5 D3
Camarasa..................18 B3
Camarena.................36 B1
Camarillas................29 C3
Camariñas..................2 A2
Camarzana de Tera.........12 B2
Camas.....................44 B3
Cambados...................2 B3
Cambil....................47 C3
Cambre.....................3 C1
Cambrils de Mar...........30 B2
Caminomorisco.............24 B3
Caminreal.................28 B2
Campana (La)..............45 C3
Campanario................35 C3
Campanas...................8 A3

Campaspero................14 A3
Campello (El).............49 D2
Campillo de Altobuey......38 B2
Campillo de Aragón........28 A1
Campillo de Arenas........46 B3
Campillo de Llerena.......45 C1
Campillos.................55 D1
Campo.....................18 A2
Campo de Caso..............5 C2
Campo de Criptana.........37 D2
Campo del Hospital 3 C1
Campo de
  Peñaranda (El)..........25 D1
Campomanes.................5 C2
Campóo (Alto)..............6 A2
Camporrobles..............39 C2
Campos....................41 C2
Camprodon.................19 D2
Camuñas...................37 C2
Cañada de Benatanduz......29 D3
Cañamero..................35 D2
Cañaveral.................34 B1
Cañaveral de León.........44 A2
Cañaveras.................27 D3
Cañete....................39 C1
Cañete de las Torres......46 A3
Cañete la Real 55 D2
Cañiza (A)................10 B1
Cañizal...................25 C1
Canales...................15 C2
Canals....................49 D1
Cancarix..................48 B2
Candanchú..................9 C3
Candás.....................5 C1
Candasnos.................30 A1
Candelario................25 C3
Candeleda.................25 C3
Canero.....................4 B1
Canet de Mar.............20 B3
Canfranc-Estación..........9 C3
Cangas....................10 B1
Cangas del Narcea..........4 A2
Cangas de Onís.............5 D2
Caniles...................57 D1
Canjáyar..................57 D2
Cantalapiedra.............25 D1
Cantalejo.................26 B1
Cantalpino................25 D1
Cantavieja................29 D3
Cantillana................45 C3
Cantoral...................6 A2
Cantoria..................58 A2
Cañigral (El).............39 C1

Caparroso 16 A2
Capellades 20 A3
Capileira 57 C2
Capmany 21 C1
Caracuel de Calatrava 36 B3
Caravaca de la Cruz 48 B2
Carbajales de Alba 12 B3
Carballiño 11 C1
Carballo 2 C1
Carboneras 58 B2
Carboneras
  de Guadazaón 38 B1
Carbonero el Mayor 26 A1
Carcaboso 24 B3
Carcabuey 56 A1
Carcagente / Carcaixent ...40 A3
Carcaixent /
  Carcagente 40 A3
Carcastillo 16 B2
Cardedeu 19 C3
Cardeña 46 A2
Cardenete 38 B2
Cardona 19 C3
Cariñena 29 C1
Cariño 3 C1
Carlet 39 D3
Carlota (La) 45 D3
Carmona 45 C3
Carnota 2 A2
Carolina (La) 47 C2
Carpio de Tajo (El) 36 B1
Carpio (El) 46 A2
Carracedelo 12 A1
Carral 3 C2
Carrascosa del Campo 38 A1
Carreña 5 D2
Carrenza 7 C3
Carrió 3 C2
Carrión de Calatrava 37 C3
Carrión de los Condes 13 D1
Carrizo de la Ribera 13 C1
Cartagena 59 C1
Cártama 56 A2
Cartaya 43 D3
Casabermeja 56 A2
Casaio 12 A1
Casalarreina 7 C3
Casar de Cáceres 34 B1
Casar (El) 27 C2
Casarabonela 55 D2
Casares 55 C3
Casares de las Hurdes 24 B2
Casariche 56 A1

Casas de Don Pedro 35 D3
Casas de Fernando
  Alonso 38 A2
Casas de Juan Núñez 39 C3
Casas de Luján 37 D1
Casas de Miravete 35 C1
Casas del Puerto 49 C2
Casas Ibáñez 39 C3
Casas Nuevas 48 B3
Casasimarro 38 B2
Casatejada 35 D1
Casavieja 25 D3
Cascante 16 A2
Casetas 16 B3
Casicas del Río Segura 48 A2
Casillas de Coria 24 A3
Casinos 39 D2
Caspe 30 A1
Cassà de la Selva 21 C2
Castalla 49 D1
Castejón 16 A2
Castejón de Monegros 17 D3
Castejón de Sos 18 A1
Castejón de Valdejasa 16 B3
Castell de Ferro 57 C2
Castell de Guadalest (El) ..50 A2
Castellar de la Muela 28 B2
Castellar de Santiago 47 C1
Castellar de Santisteban ...47 D2
Castellar del Vallès 20 B3
Castelldans 30 B1
Castelldefels 20 A3
Castellfollit de la Roca 20 B1
Castelló d'Empúries 21 C1
Castelló de la Plana /
  Castellón de la Plana 40 A1
Castelló de Rugat 49 D1
Castellolí 20 A3
Castellón de la Plana /
  Castelló de la Plana 40 A1
Castellote 29 D2
Castellterçol 19 D3
Castelserás 29 D2
Castilblanco 35 D2
Castilblanco de
  los Arroyos 44 B3
Castilleja del Campo 44 B3
Castilléjar 47 D3
Castillejo de Martín Viejo .24 A2
Castillo de las
  Guardas (El) 44 B3
Castillo de Locubín 46 B3
Castilruiz 16 A3

Castrejón 25 D1
Castril 47 D3
Castrillo de la Reina 15 C2
Castrillo de Villavega 6 A3
Castro 3 D2
Castro Caldelas 11 D1
Castro del Río 46 A3
Castro-Urdiales 7 C1
Castrocalbón 12 B1
Castrocontrigo 12 B1
Castrojeriz 14 A2
Castromonte 13 D3
Castronuevo 13 C3
Castronuño 13 C3
Castropol 4 A1
Castrotierra 13 C1
Castroverde 3 D1
Castroverde de Campos 13 C2
Castuera 35 D3
Catoira 2 B3
Catral 49 D2
Caudete 49 C1
Caudiel 39 D1
Cazalla de la Sierra 45 C2
Cazorla 47 D3
Cea 3 C3
Cebolla 36 A1
Cebreros 26 A3
Ceclavín 34 B1
Cedeira 3 C1
Cedillo 33 D1
Cedrillas 29 C3
Cehegín 48 B2
Celanova 11 C1
Cella 28 B3
Cenicero 7 D3
Centelles 19 D3
Centenillo (El) 46 B2
Cercedilla 26 B2
Cerdedo 2 B3
Cerezo de Riotirón 7 C3
Cerezo de Abajo 26 B1
Cerler 18 A1
Cerro de Andévalo (El) 44 A2
Cervatos 6 A2
Cervatos de la Cueza 13 D1
Cervera 18 B3
Cervera de la Cañada 28 B3
Cervera de Pisuerga 6 A2
Cervera del Río Alhama 16 A2
Cervo 3 D1
Cespedosa 25 C2
Cetina 28 A1

Ceutí....................49 C2
Cevico de la Torre...........14 A2
Chantada......................3 C3
Chapinería...................26 A3
Cheles.......................43 D1
Chelva.......................39 D2
Chera........................39 D2
Cheste.......................39 D2
Chiclana de la Frontera....54 B3
Chinchilla de
    Monte Aragón............38 B3
Chinchón.....................37 C1
Chipiona.....................54 A2
Chirivel.....................58 A1
Chiva........................39 D2
Cidones......................15 D3
Ciempozuelos.................26 B3
Cieza........................49 C2
Cifuentes....................27 D2
Cillas.......................28 A2
Cilleros.....................24 A3
Cilleruelo de Bezana.........6 B2
Cinctorres...................29 D3
Cintruénigo..................16 A2
Ciria........................16 A3
Cisneros.....................13 D2
Cistierna.....................5 D3
Ciudad Real..................36 B3
Ciudad Rodrigo...............24 A2
Ciutadella de Menorca.......41 D1
Coaña.........................4 A1
Cobeña.......................27 D3
Coca.........................26 A1
Cocentaina...................49 D1
Codos........................28 B1
Codosera (La)................34 A2
Cofrentes....................39 C3
Cogolludo....................27 C2
Coín.........................55 D2
Colinas......................54 B1
Colindres.....................6 B1
Coll de Nargó................18 B2
Colmenar.....................56 A2
Colmenar de Oreja............37 D1
Colmenar Viejo...............26 B2
Colombres.....................6 A1
Colomera.....................56 B1
Colunga.......................5 D2
Coma-ruga....................31 C2
Combarro......................2 B3
Comillas......................6 A1
Cómpeta......................56 B2
Congosto de Valdavia........13 D1

Conil de la Frontera........54 B3
Conquista....................46 A1
Constantina..................45 C2
Consuegra....................37 C2
Cope.........................58 B1
Corconte......................6 B2
Corcubión.....................2 A2
Córdoba......................46 A2
Cordobilla de Lácara........34 B2
Corduente....................28 A2
Corella......................16 A2
Coreses......................13 C3
Corgo.........................3 D3
Coria........................24 A3
Coria del Río................54 B1
Corias........................4 A2
Coripe.......................55 C1
Cornago......................16 A2
Cornellana....................4 B2
Coronada (La)................35 C3
Coronil (El).................55 C1
Corral de Almaguer..........37 D1
Corralejo....................51 D2
Corrales de Buena (Los)......6 A2
Corrales del Vino............12 B3
Corredoiras...................3 C2
Corte de Peleas..............34 B3
Cortegada....................11 C1
Cortegana....................44 A2
Cortes.......................16 B3
Cortes de Aragón.............29 C2
Cortes de Baza...............47 D3
Cortes de la Frontera.......55 C1
Cortijos de Abajo (Los).....36 B2
Cortijos Nuevos..............47 D2
Coruña (A)....................3 C1
Corvera......................49 C3
Corvera de Toranzo...........6 A2
Covadonga.....................5 D2
Covarrubias..................14 B2
Coves de Vonromà (Les)..30 A3
Crevillent...................49 D2
Cristianos (Los)............50 B3
Cuacos de Yuste..............25 C3
Cualedro.....................11 C2
Cubel........................28 B2
Cubillo (El).................39 C1
Cubo de
    Don Sancho (El)..........24 B1
Cubo de Tierra
    del Vino (El)............25 C1
Cudillero.....................4 B1
Cuéllar......................26 A1

Cuenca.......................38 B1
Cuerva.......................36 B2
Cuervo (El)..................54 B2
Cuevas de
    San Clemente............14 B2
Cuevas de San Marcos........56 A1
Cuevas del Becerro..........55 D2
Cuevas del Campo............47 D3
Cuevas del Valle............25 D3
Cuevas del Almanzora.......58 B2
Cúllar Baza..................58 A1
Cullera......................40 A3
Cumbre (La)..................35 C2
Cumbres Mayores.............44 A2
Cuntis........................2 B3
Curtis........................3 C2

D

Daimiel......................37 C3
Daimús.......................50 A1
Dalías.......................57 D2
Daroca.......................28 B2
Deba..........................7 D2
Degaña........................4 A3
Dehesa de Montejo............6 A2
Deleitosa....................35 D1
Deltebre.....................30 B3
Dénia........................50 A1
Destriana....................12 B1
Deyá.........................40 B2
Deza.........................28 A1
Diego Alvaro.................25 C2
Diezma.......................57 C1
Dolores......................49 D2
Dolores (Los)................59 C1
Don Benito...................35 C3
Doña María Ocaña............57 D1
Doña Mencía..................46 A2
Doneztebe.....................8 A2
Donostia-San Sebastián....8 A2
Dosbarrios...................37 C1
Dos Hermanas.................54 B1
Driebes......................27 C3
Dueñas.......................13 D2
Dumbría.......................2 A2
Durango.......................7 D2
Dúrcal.......................57 C2
Duruelo......................15 C2

E

Echo..........................9 C3
Écija........................45 D3
Egüés.........................8 B3
Eibar.........................7 D2
Eivissa / Ibiza...........51 D1
Ejea de los Caballeros......16 B2
Ejido (El)...................57 D2
Ejulve......................29 D2
Elche / Elx.................49 D2
Elche de la Sierra.........48 A2
Elda.........................49 D2
Elgoibar.....................7 D2
Elizondo.....................8 B2
Elorrio......................7 D2
Elx / Elche.................49 D2
Embid.......................28 B2
Embid de Ariza.............28 A1
Encinas de Abajo...........25 C1
Encinasola..................44 A2
Encinedo....................12 A1
Endrinal....................25 C2
Enfesta......................2 B2
Enguera.....................39 D3
Enguídanos..................39 C2
Épila.......................16 B3
Erla........................17 C2
Erratzu......................8 B2
Esblada.....................31 C1
Escairón.....................3 D3
Escala (L') / La Escala....21 C2
Escala (La) / L'Escala.....21 C2
Escalada.....................6 B3
Escalante....................6 B1
Escalona....................26 A3
Escalonilla.................36 B1
Ezcároz......................8 B3
Escatrón....................29 D1
Escombreras.................59 D1
Escorial (El)..............26 A2
Escorihuela.................29 C3
Escullar....................57 D1
Escurial....................35 C2
Esguevillas de Esgueva....14 A3
Eskoriatza...................7 D2
Espadañedo.................12 A2
Esparreguera................20 A3
Espejo......................46 A3
Espera......................55 C2
Espiel......................45 D2
Espina (La)..................4 B2
Espinama.....................5 D3

Espinar (El)...............26 A2
Espinilla....................6 A2
Espinosa de Cerrato........14 A2
Espinosa de los Monteros....6 B2
Espluga de Francolí (L')...30 B1
Esporles....................40 B2
Espot.......................18 B1
Espunyola (L')..............19 C3
Esquedas....................17 C2
Esquivias...................37 C1
Estación de Salinas........56 A1
Estadilla...................18 A2
Estartit (L')..............21 C2
Estella......................8 A3
Estepa......................55 D1
Estepona....................55 D1
Esteras de Medinaceli......27 D1
Esterri d'Àneu.............18 B1
Estrada (A)..................2 B3
Etxarri-Aranatz.............8 A3
Ezcaray....................15 C2

F

Fabara......................30 A1
Fabero.......................4 A3
Fábricas de Ríopar.........48 A1
Facinas.....................55 C3
Falces......................16 A2
Falset......................30 B2
Farlete.....................17 C3
Favara......................40 A3
Fayón.......................30 A1
Felanitx....................41 C3
Felguera (La)...............5 C2
Fene.........................3 C1
Feria.......................44 A1
Fermoselle..................12 A3
Fernán Caballero...........36 B3
Fernán Núñez...............46 A3
Ferreira.....................3 D1
Ferreras de Abajo..........12 B2
Ferreries...................41 D1
Ferreruela de Huerva.......28 B2
Ferrol.......................3 C1
Figaró (El)................19 D3
Figueres....................21 C1
Figueruela de Arriba.......12 A2
Fiñana......................57 D1
Fisterra.....................2 A2
Fitero......................16 A2
Flix........................30 B1

Folgoso de la Ribera........4 B3
Fombellida..................14 A3
Fondevila...................11 C2
Fonfría.....................29 C2
Fonollosa...................19 C3
Fonsagrada (A)..............4 A2
Font de la Figuera (La)....49 D1
Fontibre.....................6 A2
Fontiveros..................25 D2
Fonz........................18 A3
Forcall.....................29 D3
Forcarei.....................2 B3
Formigal (El)...............9 D3
Fornells....................41 D1
Fortuna.....................49 C2
Foz..........................3 D1
Fraga.......................30 A1
Frailes.....................56 B1
Frechilla...................13 D2
Fregenal de la Sierra......44 A1
Fregeneda (La).............24 A1
Freixido....................11 D1
Fresno Alhándiga...........25 C2
Frías........................7 C3
Frías de Albarracín........28 B3
Frigiliana..................56 B2
Friol........................3 C2
Frómista....................14 A2
Fronfría....................12 B3
Frontera (La)..............28 A3
Fuencaliente...............46 A1
Fuencaliente
  de la Palma..............50 A3
Fuendejalón................16 B3
Fuendetodos................29 C1
Fuengirola..................56 A3
Fuenlabrada................26 B3
Fuenlabrada
  de los Montes............36 A3
Fuenmayor....................7 D3
Fuensalida..................36 B1
Fuensanta....................5 C2
Fuensanta de Martos........46 B3
Fuente Álamo...............49 C3
Fuente Álamo...............49 C1
Fuente Dé....................5 D2
Fuente de Cantos...........44 B1
Fuente de
  Pedro Naharro............37 D1
Fuente de Piedra...........56 A1
Fuente de
  San Esteban (La).........24 B2
Fuente del Maestre.........44 B1

Fuente el Fresno 37 C3
Fuente el Sol 25 D1
Fuente Obejuna 45 C1
Fuente Palmera 45 D3
Fuentecén 14 B3
Fuenteguinaldo 24 A2
Fuentelapeña 25 C1
Fuentepinilla 15 C3
Fuenterrabía /
     Hondarribia 8 A2
Fuentes de Andalucía 45 C3
Fuentes de Ayódar 40 A1
Fuentes de Ebro 29 C3
Fuentes de Léon 44 A2
Fuentes de Nava 13 D2
Fuentes de Oñoro 24 A2
Fuentes de Ropel 13 C2
Fuentes de Valdepero 14 A2
Fuentesaúco 25 C1
Fuentidueña 14 A3
Fuentidueña de Tajo 37 D1
Fuerte del Rey 46 B3
Fustiñana 16 B2

G

Gádor 58 A2
Galapagar 26 B2
Galaroza 44 A2
Galdakao 7 D2
Gáldar 51 C3
Galende 12 A2
Galera 47 D3
Galisteo 24 B3
Gallardos (Los) 58 B2
Gallur 16 B3
Gálvez 36 B1
Gañuelas 49 C3
Gándara 3 C1
Gandesa 30 A2
Gandia 49 A3
Garcia 30 B2
Garciaz 35 D2
Garganta la Olla 25 C3
Garraf 31 D1
Garrafe de Torío 5 C3
Garray 15 D3
Garriga (La) 19 D3
Garrovillas 34 B1
Garrucha 58 B2
Gata 24 A3
Gata de Gorgos 50 A1

Gaucín 55 C3
Gautegiz-Arteaga 7 D2
Gavà 20 A3
Gelsa 29 D1
Gerena 44 B3
Gérgal 58 A2
Gernika-Lumo 7 D2
Gerona / Girona 21 C2
Gerri de la Sal 18 B2
Getafe 26 B3
Getxo 7 C1
Gibraleón 43 D3
Gijón 5 C1
Gimenells 18 A3
Gineta (La) 38 B3
Girona / Gerona 21 C2
Gironella 19 D3
Golada 3 C3
Golpejas 25 C1
Gómara 15 D3
Gombrèn 19 D2
Gomecello 25 C1
Gondomar 10 B1
Gor 57 D1
Gradefes 13 D1
Grado 4 B2
Grado (El) 17 D2
Gran Tarajal 51 D3
Grañén 17 C3
Granada 57 C1
Granadella (La) 30 B1
Granadilla de Abona 50 B3
Grandas de Salime 4 A2
Granja de Torrehermosa 45 C1
Granjuela (La) 45 D1
Granollers 20 B3
Grau de Castelló 40 A1
Grau de València (El) 40 A2
Graus 18 A2
Grávalos 16 A2
Grazalema 55 C2
Griñón 26 B3
Grove (O) 2 A3
Guadahortuna 47 C3
Guadalajara 27 C2
Guadalaviar 28 B3
Guadalcanal 45 C2
Guadalupe 35 D2
Guadarrama 26 B2
Guadassuar 39 D3
Guadiaro 55 C3
Guadix 57 C1
Guarda (A) 10 A2

Guardamar del Segura 49 D3
Guardia de Jaén (La) 46 B3
Guardia (La) 37 C1
Guardo 5 D3
Guareña 35 C2
Guarromán 47 C2
Gudiña (A) 11 D2
Güeñes 7 C2
Guía de Isora 50 B3
Guijo de Granadilla 24 B3
Guijuelo 25 C2
Guillena 44 B3
Güimar 50 B3
Guissona 18 B3
Guitiriz 3 C2
Gumiel de Hizán 14 B3
Guntín de Pallares 3 D3
Gurrea de Gállego 17 C3

H

Haría 51 D2
Haro 7 C3
Helechal 45 D1
Hellín 48 B1
Herencia 37 C2
Hermida (La) 6 A1
Hermigua 50 B3
Hernani 8 A2
Hernansancho 26 A2
Herradura (La) 56 B2
Herrera 55 C1
Herrera de Alcántara 34 A1
Herrera de los Navarros 29 C1
Herrera de Pisuerga 6 A3
Herrera del Duque 35 D3
Herreruela 34 A1
Hervás 24 B3
Higuera de la Serena 45 C1
Higuera de la Sierra 44 B2
Higuera de Vargas 44 A1
Higuera la Real 44 A2
Higueruela 39 C3
Híjar 29 D1
Hinojares 47 D3
Hinojosa de Duero 24 A1
Hinojosa del Duque 45 D1
Hinojosos (Los) 37 D2
Hondarribia /
     Fuenterrabía 8 A2
Hondón de las Nièves 49 D2
Honrubia 38 A2

Honrubia de la Cuesta......14 B3
Hontalbilla......................26 B1
Hontoria del Pinar............15 C3
Horcajada (La) 25 C3
Horcajo de los Montes 36 A2
Horcajo de Santiago 37 D1
Horcajo Medianero 25 C2
Horche.............................27 C3
Hornachos.......................44 B1
Hornachuelos..................45 D2
Hornos............................47 D2
Horra (La) 14 B3
Hortezuela.......................27 D1
Hospital de Órbigo...........12 B1
Hospitalet de l'Infant (L') ..30 B2
Hostalric.........................21 C2
Hoyo de Pinares (El) 26 A3
Hoyos.............................24 A3
Huélago...........................57 C1
Huélamo.........................28 A3
Huelma...........................47 C3
Huelva............................43 D3
Huércal Overa................58 B1
Huérguina.......................39 C1
Huerta de
    Valdecarábanos..........37 C1
Huerta del Rey................14 B3
Huertahernando 28 A2
Huerto............................17 D3
Huesa.............................47 D3
Huesca............................17 C2
Huéscar..........................48 A3
Huete..............................38 A1
Huétor Santillán 57 C1
Huétor Tájar...................56 B1
Humada............................6 A3
Humanes.........................27 C2

Ibi...................................49 D1
Ibiza / Eivissa.................51 D1
Icod de los Vinos.............50 B3
Iglesuela del Cid (La) 29 D3
Igualada..........................20 A3
Ilche...............................17 D3
Illana..............................27 D3
Illano................................4 A2
Illar................................57 D2
Illescas...........................26 B3
Illora..............................56 B1
Illueca............................28 B1

Inca.................................41 C2
Infiesto.............................5 C2
Iniesta............................38 B2
Irixoa................................3 C2
Irún..................................8 A2
Irurtzun............................8 A3
Isaba................................9 C3
Iscar...............................26 A1
Isla...................................6 B1
Isla Cristina....................53 D1
Isona...............................18 B2
Istán...............................55 D2
Iznájar............................56 A1
Iznalloz...........................57 C1

J

Jabugo...........................44 A2
Jaca..................................9 C3
Jadraque.........................27 D2
Jaén................................46 B3
Jana (La) 30 A3
Jaraba............................28 A1
Jarafuel..........................39 C3
Jaraicejo.........................35 C1
Jaraiz de la Vera 25 C3
Jarandilla de la Vera........25 C3
Játiva / Xàtiva.................39 D3
Jávea / Xàbia..................50 A1
Jerez de la Frontera 54 B2
Jerez de los Caballeros 44 A1
Jérica.............................39 D1
Jerte...............................25 C3
Jimena............................47 C3
Jimena de la Frontera 55 C3
Jódar..............................47 C3
Jonquera (La) 21 C1
Jumilla............................49 C2
Juneda............................30 B1
Justel.............................12 B2

L

Labacolla..........................2 B2
Labajos...........................26 A2
Labastida...........................7 D3
Lagartera........................35 D1
Laguardia / Biasteri..........7 D3
Laguarres........................18 A2
Laguarta..........................17 D2

Laguna de Duero 13 D3
Laguna (La) 50 B3
Lahiguera........................46 B2
Lalín..................................3 C3
Lalueza............................17 D3
Lanaja.............................17 D3
Landete...........................39 C1
Langa de Duero 14 B3
Lanjarón..........................57 C2
Lantejuela (La) 55 D1
Lanzahita.........................25 D3
Laperdiguera...................17 D3
Laracha.............................2 B2
Laredo..............................7 C1
Laroles...........................57 D2
Larraga..............................8 A3
Lasarte-Oria......................8 A2
Lastres..............................5 D2
Laujar de Andarax 57 D2
Laxe..................................2 A2
Layos..............................36 B1
Laza...............................11 D1
Lebrija............................54 B1
Lécera.............................29 C1
Leciñena.........................17 C3
Ledaña............................38 B2
Ledanca..........................27 D2
Ledesma.........................24 B1
Leganés..........................26 B3
Legutiano..........................7 D2
Leiro..............................11 C1
Leitza...............................8 A2
Lekeitio............................7 D1
Lekunberri........................8 A2
León...............................13 C1
Lepe...............................53 D1
Lérida / Lleida.................18 A3
Lerín..............................16 A1
Lerma.............................14 B2
Les..................................18 A1
Letur..............................48 A2
Lezuza............................38 A3
Librilla............................49 C3
Liérganes..........................6 B1
Liétor.............................48 B1
Lillo................................37 D1
Linares............................47 C2
Linares de Mora...............29 D3
Linares de Riofrío............24 B2
Línea de la
    Concepción (La) 55 C3
Linyola............................18 B3
Liria / Llíria.....................39 D2

Llagostera 21 C2
Llançà 21 C1
Llanes 5 D2
Llanos de Aridane (Los) ...50 A3
Llavorsí 18 B1
Lleida / Lérida 18 A3
Llera 44 B1
Llerena 44 B1
Lles de Cerdanya 19 C2
Llessui 18 B2
Llíria / Liria 39 D2
Llodio 7 C2
Lloret de Mar 21 C3
Llosses (Les) 19 D2
Llucena 40 A1
Llucmajor 41 C3
Lobón 34 B3
Lobos (Los) 58 B2
Lodosa 16 A1
Loeches 27 C3
Logroño 7 D3
Logrosán 35 D2
Loja 56 B1
Longares 29 C1
Lopera 46 B2
Lora del Río 45 C3
Lorca 48 B3
Losa (La) 47 D3
Losar de la Vera 25 C3
Lozoyuela 26 B2
Luanco 5 C1
Luarca 4 B1
Lubrín 58 A2
Lucainena de las Torres ...58 A2
Lucena 56 A1
Luceni 16 B3
Luciana 36 B3
Ludiente 40 A1
Lugo 3 D2
Lugones 5 C2
Luisiana (La) 45 D3
Lumbier 8 B3
Lumbrales 24 A1
Luna 17 C2
Luque 46 A3

M

Macael 58 A2
Maceda 11 C1
Macotera 25 D2
Maderuelo 14 B3

Madrid 26 B3
Madridejos 37 C2
Madrigal de la Vera 25 C3
Madrigal de
  las Altas Torres 25 D1
Madrigalejo 35 C2
Madroñera 35 C2
Madroño (El) 44 A3
Madrona 26 A2
Maella 30 A2
Magacela 35 C3
Magallón 16 B3
Magaña 16 A3
Magaz 14 A2
Magdalena (La) 5 C3
Mahón / Maó 41 D1
Mahora 38 B3
Maials 30 A1
Mainar 28 B1
Mairena del Alcor 45 C3
Málaga 56 A2
Malagón 37 C3
Malgrat de Mar 21 C3
Mallén 16 B3
Malpartida de Cáceres 34 B2
Malpartida de Plasencia ...24 B3
Malpica de Bergantiños 2 B1
Maluenda 28 B1
Manacor 41 C2
Mancha Real 47 C3
Manga del
  Mar Menor (La) 59 D1
Manilva 55 C3
Manises 40 A2
Manlleu 19 D3
Manresa 19 C3
Mansilla de las Mulas 13 C1
Mantiel 27 D3
Manzanares 37 C3
Manzanares el Real 26 B2
Manzaneda 11 D1
Manzanera 39 D1
Maó / Mahón 41 D1
Maqueda 36 B1
Maranchón 28 A2
Marbella 55 D3
Marchamalo 27 C2
Marchena 55 C1
Marcilla 16 A2
Marentes 4 A2
María 48 A3
Marín 2 B3
Markina 7 D2

Marmolejo 46 B2
Martín de la Jara 55 D1
Martín de Yeltes 24 B2
Martinet 19 C2
Martorell 20 A3
Martos 46 B3
Mas de Barberáns 30 A2
Mas de las Matas 29 D2
Masegoso de Tajuña 27 D2
Masnou (El) 20 B3
Maspalomas 51 C3
Massamagrell 40 A2
Masueco 24 A1
Matalascañas 54 A1
Matalebreras 16 A3
Matallana de Torío 5 C3
Mataró 20 B3
Mayorga 13 C2
Mazagón 54 A1
Mazarete 28 A2
Mazarrón 59 C1
Medellín 35 C3
Medina de Pomar 6 B2
Medina de Rioseco 13 D2
Medina del Campo 25 D1
Medina-Sidonia 54 B3
Medinaceli 27 D1
Meira 3 D2
Melgar de Abajo 13 D2
Melgar de Fernamental 6 A3
Melide 3 C2
Membrilla 37 C3
Membrío 34 A1
Menasalbas 36 B2
Mendavia 16 A1
Mengamuñoz 25 D2
Mengíbar 46 B2
Méntrida 26 A3
Mequinenza 30 A1
Merca (A) 11 C1
Mercadal (es) 41 C1
Mérida 34 B3
Mesa Roldán (La) 58 B3
Mesas (Las) 38 A2
Mesón do Vento 2 B2
Mestanza 46 B1
Mestas (Las) 24 B2
Mezquita (A) 11 D2
Mezquita de Jarque 29 C2
Miajadas 35 C2
Miedes 28 B1
Mieres 5 C2
Miguel Esteban 37 D2

Miguelturra.....................37 C3
Mijas.............................56 A2
Milagro...........................16 A2
Millares..........................39 D3
Milmarcos........................28 A2
Minas de Riotinto................44 A3
Minas (Las)......................48 B2
Minaya...........................38 A3
Minglanilla......................39 C2
Mingorría........................26 A2
Mira.............................39 C2
Miraflores de la Sierra.........26 B2
Miranda de Ebro..................7 C3
Miranda del Castañar............24 B2
Mirueña de
  los Infanzones................25 D2
Moaña............................10 B1
Mocejón..........................37 C1
Moclín...........................56 B1
Mogón............................47 D2
Moguer...........................44 A3
Moià.............................19 D3
Moixent..........................49 D1
Mojácar..........................58 B2
Mojados..........................13 D3
Molar (El).......................26 B2
Molina de Aragón.................28 A2
Molina de Segura.................49 C3
Molina (La)......................19 C2
Molinicos........................48 A1
Molinillo (El)...................36 B2
Molinos..........................29 D2
Molins de Rei....................20 B3
Mollerussa.......................18 B3
Mollina..........................56 A1
Mombeltrán.......................25 D3
Mombuey..........................12 B2
Monasterio de Rodilla............6 B3
Moncofa..........................40 A2
Monda............................55 D2
Mondariz.........................10 B1
Mondéjar.........................27 C3
Mondoñedo.........................3 D1
Mondragón / Arrasate.............7 D2
Monesterio.......................44 B2
Monforte de Lemos................3 D3
Monistrol de Montserrat.........20 A3
Monòver..........................49 D2
Monreal del Campo................28 B2
Monroy...........................35 C1
Monroyo..........................29 D2
Mont-roig del Camp...............30 B2
Montalbán........................29 C2

Montalbo.........................38 A1
Montamarta.......................12 B3
Montañana........................17 C3
Montánchez.......................35 C2
Montanejos.......................39 D1
Montblanc........................31 C1
Montbrió del Camp................30 B2
Monteagudo
  de las Vicarías................28 A1
Montealegre......................13 D2
Montealegre del Castillo.........49 C1
Montefrío........................56 B1
Montehermoso.....................24 B3
Montejícar.......................47 C3
Montejo de Tiermes...............27 C1
Montellano.......................55 C1
Montemayor.......................46 A3
Montemayor de Pililla............14 A3
Montenegro de Cameros............15 D2
Monterroso........................3 C3
Monterrubio
  de la Serena...................45 C1
Montiel..........................47 D1
Montijo..........................34 B3
Montilla.........................46 A3
Montoro..........................46 A2
Montseny.........................19 D3
Montserrat.......................39 D3
Montuenga........................26 A1
Montuïri.........................41 C2
Monzón...........................17 D3
Monzón de Campos.................14 A2
Mora.............................37 C2
Móra d'Ebre......................30 B2
Mora de Rubielos.................39 D1
Móra la Nova.....................30 B2
Moraira..........................50 A2
Moral de Calatrava...............37 C3
Moral (El).......................48 A3
Moraleda de Zafayona.............56 B1
Moraleja.........................24 A3
Moraleja de Sayago...............24 B1
Moraleja del Vino................13 C3
Morales de Rey...................12 B2
Morales de Toro..................13 C3
Morasverdes......................24 B2
Morata de Jalón..................28 B1
Morata de Tajuña.................27 C3
Moratalla........................48 B2
Moreda...........................57 C1
Morella..........................29 D3
Morón de Almazán.................28 A1
Morón de la Frontera.............55 C1

Morro Jable......................51 D3
Mosqueruela......................29 D3
Mosteiro..........................2 B3
Móstoles.........................26 B3
Mota del Cuervo..................37 D2
Mota del Marqués.................13 C3
Motilla del Palancar.............38 B2
Motril...........................57 C2
Moyuela..........................29 C1
Mucientes........................13 D3
Mudurra (La).....................13 D3
Muel.............................29 C1
Muela (La).......................16 B3
Muelas del Pan...................12 B3
Mugueimes........................11 C2
Mula.............................48 B3
Muñana...........................25 D2
Muñico...........................25 D2
Muñogalindo......................25 D2
Munera...........................38 A3
Mungia............................7 D1
Muniesa..........................29 C2
Murcia...........................49 C3
Murchante........................16 A2
Murguía...........................7 D2
Murias de Paredes.................4 B3
Muro de Alcoy....................49 D1
Muros.............................2 A3
Muxia.............................2 A2

N

Nadela............................3 D2
Nájera...........................15 D1
Nava..............................5 C2
Nava de la Asunción..............26 A1
Nava de Ricomalillo (La).........36 A1
Nava de Santiago (La)............34 B2
Nava del Rey.....................25 D1
Navacepeda de Tormes.............25 D3
Navacerrada......................26 B2
Navaconcejo......................24 B3
Navahermosa......................36 B2
Navalcán.........................25 D3
Navalcarnero.....................26 B3
Navaleno.........................15 C3
Navalmanzano.....................26 A1
Navalmoral de la Mata............35 D1
Navalmorales (Los)...............36 A1
Navalperal de Pinares............26 A2
Navalucillos (Los)...............36 A1
Navaluenga.......................25 D3

Navalvillar de Pela............35 D3
Navamorcuende...........25 D3
Navarredonda
   de Gredos.............25 D3
Navarrés...................39 D3
Navarrete.................15 D1
Navàs......................19 C3
Navas de la
   Concepción (Las)......45 C2
Navas de San Juan......47 C2
Navas del Madroño......34 B1
Navas del Marqués (Las).26 A2
Navascués....................8 A3
Navas de Oro..............26 A1
Navasfrias..................24 A3
Navatalgordo...............25 D3
Naveros.....................54 B3
Navia.........................4 A1
Navia de Suarna..........4 A3
Neda..........................3 C1
Negras (Las)..............58 A3
Negreira......................2 B2
Neila........................15 C2
Nerja.......................56 B2
Nerpio......................48 A2
Nerva.......................44 A3
Neves (As)...............10 B1
Niebla......................44 A3
Níjar........................58 A2
Noáin........................8 A3
Noblejas...................37 C1
Nogueira de Ramuín.....11 C1
Noguera....................28 B3
Noia..........................2 B3
Noja..........................6 B1
Nonaspe....................30 A1
Novales.....................17 D3
Novelda.....................49 D2
Nueva.........................5 D2
Nueva Carteya...........46 A3
Nuévalos...................28 B1
Nuevo Baztán............27 C3
Nuez de Arriba (La)......6 B3
Nules........................40 A1
Nuñomoral..................24 B2
Núria........................19 D2

O

Obejo.......................46 A2
Obón........................29 C2
Ocaña.......................37 C1

Ochagavía....................8 B3
Ohanes.....................57 D2
Oiartzun / Oyarzun........8 A2
Ojén........................55 D2
Ojos Negros...............28 B2
Ojuelos Altos.............45 C2
Olazti/Olazagutía..........8 A3
Oleiros......................3 C1
Olesa de Montserrat.....20 A3
Oliana......................18 B2
Oliete......................29 C2
Olite........................16 A1
Oliva.......................50 A1
Oliva de la Frontera.....44 A1
Oliva de Mérida..........35 C3
Oliva (La)..................51 D2
Olivares de Júcar........38 A2
Olivenza....................34 A1
Olleria (L')................49 D1
Olmedillo de Roa........14 B3
Olmedo......................26 A1
Olocau del Rey...........29 C3
Olombrada.................26 B1
Olost........................19 D3
Olot.........................19 D2
Olula del Río.............58 A2
Ólvega......................16 A3
Olvera......................55 D2
Oña...........................6 B3
Oñati.........................7 D2
Onda.........................40 A1
Ondara......................50 A1
Ondarroa.....................7 D2
Ontaneda.....................6 B2
Ontiñena....................17 D3
Ontinyent..................49 D1
Ontur.......................48 B1
Orba........................50 A1
Orce........................48 A3
Orcera.....................47 D2
Ordes........................2 B2
Ordizia......................8 A2
Orduña......................7 C2
Orea........................28 B3
Orellana de la Sierra....35 D3
Orellana la Vieja........35 D3
Organyà....................18 B2
Orgaz.......................37 C2
Orgiva......................57 C2
Oria........................58 A1
Oricáin......................8 B3
Orihuela....................49 C2
Orihuela del Tremedal...28 B3

Oropesa....................35 D1
Oropesa del Mar /
   Orpesa...................40 B1
Orotava (La)..............50 B3
Orpesa / Oropesa
   del Mar.................40 B1
Orreaga / Roncesvalles...8 B2
Ortigueira...................3 D1
Orusco de Tajuña........27 C3
Osa de la Vega...........38 A2
Oseja de Sajambre........5 D3
Osera.......................29 D1
Osorno la Mayor...........6 A3
Ossa de Montiel.........37 D3
Osuna.......................55 D1
Otívar......................56 B2
Ourense....................11 C1
Ourol........................3 D1
Outeiro de Rei.............3 D2
Outomuro...................11 C1
Oviedo.......................5 C2
Oyarzun / Oiartzun........8 A2
Oyón..........................7 D3

P

Paca (La)..................48 B3
Padornelo..................12 A2
Padrón.......................2 B3
Padul.......................57 C2
Pajanosas (Las).........44 B3
Pájara......................51 D3
Palacios de la Sierra....15 C2
Palacios de Sanabria....12 A2
Palacios del Sil...........4 B3
Palacios y
   Villafranca (Los).....54 B1
Palafrugell.................21 C2
Palamós....................21 C2
Palas de Rei...............3 C2
Palencia....................14 A2
Palma......................40 B2
Palma del Condado (La).44 A3
Palma del Río............45 D3
Palmas de
   Gran Canaria (Las)....51 C3
Palomares del Campo....38 A1
Palomas....................35 C3
Palos de la Frontera....54 A1
Pals.........................21 C2
Pampliega..................14 A2
Pamplona....................8 A3

Pancorbo.............................7 C3
Panes..................................6 A1
Paracuellos de Jiloca.........28 B1
Paradas.............................55 C1
Parajes................................3 D2
Páramo del Sil.....................4 A3
Pardo (El)..........................26 B3
Paredes de Nava................13 D2
Pareja...............................27 D3
Parla.................................26 B3
Parlavà..............................21 C2
Pasaia.................................8 A2
Pastrana...........................27 C3
Paterna de Rivera..............54 B2
Paular (El).........................26 B2
Paymogo...........................43 D2
Peal de Becerro.................47 C3
Pedernoso (El)...................38 C2
Pedrafita do Cebreiro...........4 A3
Pedrajas de San Esteban .26 A1
Pedralba...........................39 D2
Pedralba de la Pradería....12 A2
Pedraza de la Sierra..........26 B1
Pedrera.............................55 D1
Pedro Abad........................46 A2
Pedro Bernardo..................25 D3
Pedro Muñoz.....................37 D2
Pedrola..............................16 B3
Pedroñeras (Las)...............38 A2
Pedrosas (Las)..................17 D3
Pedroso (El)......................45 C2
Pegalajar...........................47 C3
Pego.................................50 A1
Peguera.............................40 B3
Peñafiel.............................14 A3
Peñaflor.............................45 C3
Peñaranda de
  Bracamonte 25 D2
Peñaranda de Duero..........14 B3
Peñarroya-Pueblonuevo....45 D1
Peñas de San Pedro 48 B1
Peñascosa.........................48 A1
Peñausende.......................25 C1
Peñíscola / Peníscola........30 A3
Peníscola / Peñíscola........30 A3
Peraleda del Zaucejo.........45 C2
Peralejos de las Truchas ..28 A3
Perales de Tajuña 27 C3
Perales del Alfambra........29 C3
Perales del Puerto............24 A3
Peralta..............................16 A2
Peralta de Alcofea............17 D3
Perelló (El) (Tarragona)....30 B2

Perelló (El) (València) 40 A3
Pereruela..........................12 B3
Periana.............................56 A2
Pertusa.............................17 D3
Pesoz.................................4 A2
Petra................................41 C2
Petrer...............................49 D2
Pétrola.............................48 B1
Picassent..........................40 A3
Picazo (El)........................38 B2
Piedrabuena......................36 B3
Piedrafita de Babia............4 B3
Piedrahíta.........................25 C2
Piedralaves.......................25 D3
Piedras Albas....................34 A1
Piedratajada.....................17 C2
Pilas................................54 B1
Piles.................................50 A1
Piña de Campos.................14 A2
Pina de Ebro.....................29 D1
Pineda de la Sierra............15 C2
Pineda de Mar...................21 C3
Pinell de Brai (El) 30 A2
Pinilla (La).......................27 C1
Pinofranqueado.................24 B3
Pinós (El)..........................49 C2
Pinos Puente.....................56 B1
Pinto................................26 B3
Pizarra.............................56 A2
Plasencia..........................24 B3
Platja d'Aro (Ciutat) 21 C2
Platja de Sant Joan..........49 D2
Platja i Grau de Gandia....40 A3
Playa Blanca
  (Fuerteventura)...........51 D3
Playa Blanca (Lanzarote).51 D2
Plaza (La)...........................4 B2
Plencia / Plentzia 7 C1
Plentzia / Plencia 7 C1
Pliego...............................48 B3
Pobla de Benifassà (La)....30 A3
Pobla de Lillet (La)............19 C2
Pobla de Massaluca (La)...30 A1
Pobla de Segur (La)...........18 B2
Pobla de Vallbona (La) 39 D2
Pobla Llarga (La)...............40 A3
Pobla Tornesa (La)............40 A1
Pobo de Dueñas (El).........28 B2
Pobra do Caramiñal (A).......2 B3
Poio...................................2 B3
Pola de Allande...................4 A2
Pola de Gordón (La)............5 C3
Pola de Laviana..................5 C2

Pola de Lena......................5 C2
Pola de Siero......................5 C2
Polán...............................36 B1
Pollença...........................41 C2
Pollos...............................13 C3
Pomar...............................17 D3
Ponferrada........................12 A1
Pont d'Armentera (El).......31 C1
Pont de Suert 18 A2
Ponte-Caldelas..................10 B1
Ponteareas........................10 B1
Ponteceso...........................2 B2
Pontedeume........................3 C1
Pontenova (A).....................3 D2
Pontes de
  García Rodríguez (As).....3 C1
Pontevedra..........................2 B3
Pontones...........................47 D2
Ponts................................18 B3
Porcuna............................46 B3
Porriño.............................10 B1
Port d'Alcúdia...................41 C2
Port d'Andratx..................40 B3
Port de la Selva (El) /
  Puerto de la Selva 21 C1
Port de Llançà (El)............21 C1
Port de Pollença /
  Puerto de Pollença.........41 C2
Port de Sagunt (El)...........40 A2
Port de Sóller /
  Puerto de Sóller.............40 B2
Portal (El).........................54 B2
Portalrubio........................29 C2
Portbou.............................21 C1
Portezuelo.........................34 B1
Portilla de la Reina.............5 D3
Portillo.............................13 D3
Portman............................59 D1
Porto Cristo......................41 C2
Porto do Barqueiro.............3 D1
Porto do Son......................2 A3
Portomarín.........................3 D3
Portomouro.........................2 B2
Portonovo...........................2 B3
Portopetro........................41 C2
Portugalete.........................7 C2
Porzuna............................36 B3
Posadas............................45 D3
Potes..................................6 A2
Poveda de la Sierra...........28 A3
Poza de la Sal....................6 B3
Pozo de Guadalajara.........27 C3
Pozo Higuera....................58 B1

Pozo Alcón.....................47 D3
Pozoblanco 45 D1
Pozo Cañada.................48 B1
Pozohondo....................48 B1
Pozondón......................28 B3
Pozuelo........................48 A1
Pozuelo de Calatrava.....37 C3
Pozuelo de Zarzón 24 A3
Prádena........................26 B1
Prado del Rey...............55 C2
Pradoluengo.................15 C2
Prat de Llobregat (El).....20 B3
Prat del Comte..............30 A2
Prats de Lluçanès..........19 D3
Pravia............................4 B2
Premià de Mar..............20 B3
Priego...........................28 A3
Priego de Córdoba........56 B1
Proaza...........................4 B2
Provencio (El)...............38 A2
Pruna...........................55 D1
Puçol............................40 A2
Puebla de Alcocer.........35 D3
Puebla de Almenara......37 D1
Puebla de
   Almoradiel (La)..........37 D2
Puebla de Beleña..........27 C2
Puebla de Cazalla (La)...55 D1
Puebla de Don Fadrique..48 A3
Puebla de Don Rodrigo..36 A3
Puebla de Guzmán.........43 D3
Puebla de Híjar (La)......29 D1
Puebla de la Calzada.....34 B3
Puebla de la Reina........35 C3
Puebla de Lillo...............5 D3
Puebla de
   los Infantes (La) 45 C3
Puebla de
   Montalbán (La)..........36 B1
Puebla de Obando........34 B2
Puebla de Sanabria.......12 A2
Puebla de Trives...........11 D1
Puebla de Valverde (La)..39 D1
Puebla del Río (La).......54 B1
Pueblanueva (La) 36 A1
Pueblica de Valverde....12 A2
Puente de
   Domingo Flórez.........12 A1
Puente de Génave..........47 D2
Puente de los Fierros.....5 C3
Puente de Montañana 18 A2
Puente del
   Arzobispo (El).............35 D1

Puente (El).......................7 C1
Puente-Genil.................56 A1
Puente la Reina 8 A3
Puente la Reina de Jaca....9 C3
Puente Viesgo.................6 B1
Puentenansa...................6 A2
Puerta de Segura (La).....47 D2
Puerto Castilla...............25 C3
Puerto de Béjar.............25 C3
Puerto de la Cruz..........50 B3
Puerto de la Encina.......55 D1
Puerto de la Estaca.......50 A3
Puerto de la Selva /
   El Port de la Selva......21 C1
Puerto de Mazarrón......59 C1
Puerto de Pollença /
   Port de Pollença.........41 C2
Puerto de San Vicente...35 D2
Puerto de
   Santa María (El).........54 B2
Puerto de Sóller /
   Port de Sóller.............40 B2
Puerto del Rosario........51 D3
Puerto Lápice...............37 C2
Puerto Lumbreras.........58 B1
Puerto Real..................54 B2
Puerto Serrano.............55 C2
Puertollano..................46 B1
Puig-reig.......................19 C3
Puigcerdà.....................19 C2
Pulpí............................58 B1
Punta Umbría...............54 A1
Puntagorda..................50 A3
Purchena.....................58 A2
Purullena.....................57 C1

Q

Quatretonda...................49 D1
Queralbs......................19 D2
Quero...........................37 D2
Quincoces de Yuso........7 C2
Quintana de la Serena...35 C3
Quintana del Puente......14 A2
Quintana-Martín Galíndez..7 C3
Quintana Redonda.........15 D3
Quintanar de la Orden....37 D2
Quintanar de la Sierra....15 C2
Quintanar del Rey.........38 B3
Quintanilla de Onésimo..14 A3
Quinto..........................29 D1
Quiroga........................11 D1

R

Rábade...........................3 D2
Rábita (La)....................57 C2
Rágama........................25 D1
Rajadell........................19 C3
Ramales de la Victoria....6 B2
Ramallosa......................2 B3
Ramallosa (A)................10 A1
Rambla (La)..................46 A3
Rascafría......................26 B2
Rasquera......................30 B2
Rasueros......................25 D1
Real de la Jara (El).......44 B2
Real de San Vicente (El)..25 D3
Recuerda......................27 D1
Redondela....................10 B1
Reinosa..........................6 A2
Remolinos....................16 B3
Requena.......................39 C2
Retortillo de Soria.........27 D1
Retuerta del Bullaque....36 B2
Reus............................30 B2
Rial..............................10 B1
Riaño.............................5 D3
Rianxo...........................2 B3
Riaza...........................27 C1
Riba de Saelices...........28 A2
Riba de Santiuste..........27 D1
Ribadavia.....................11 C1
Ribadelago...................12 A2
Ribadeo..........................4 A1
Ribadesella.....................5 D2
Ribas de Campos..........14 B1
Ribera de Cardós..........18 B1
Ribera del Fresno..........44 B1
Ribes de Freser............19 D2
Ricla............................28 B1
Ricobayo......................12 B3
Riego de la Vega..........12 B1
Rillo.............................29 C2
Rillo de Gallo................28 A2
Rincón de Soto.............16 A2
Rinconada (La).............44 B3
Rincón de la Victoria.....56 A2
Riocavado de la Sierra ..15 C2
Ríogordo......................56 A2
Rioseco de Tapia............5 C3
Ripoll...........................19 D2
Ríumar.........................30 B3
Roa de Duero...............14 B3
Robla (La)......................5 C3
Robledillo de Gata........24 A3

Robledo.............................48 A1
Robledo de Chavela...........26 A3
Robledo (El)......................36 B3
Robres.............................17 C3
Roca de la Sierra (La).......34 B2
Roca del Vallès (La)..........20 B3
Rociana del Condado 44 A3
Rocío (El).........................54 A1
Roda de Andalucía (La)....55 D1
Roda de Isábena...............18 A2
Roda (La).........................38 B3
Rodeiro.............................3 C1
Rodellar...........................17 D2
Ródenas...........................28 B3
Rodiezmo...........................5 C3
Rojales.............................49 D3
Romangordo......................35 C1
Romeral (El).....................37 C2
Rompido (El).....................53 D1
Roncal...............................9 C3
Roncesvalles / Orreaga......8 B2
Ronda..............................55 D2
Ronquillo (El)....................44 B3
Roperuelos del Páramo......13 C1
Roquetas de Mar..............57 D2
Rosal de la Frontera 43 D2
Rosas / Roses...................21 C1
Roses / Rosas...................21 C1
Rossell............................30 A3
Rota................................54 A2
Royo (El) 15 D3
Rozas de Madrid (Las)......26 A3
Rúa (A)............................11 D1
Rubena............................14 B1
Rubí................................20 B3
Rubí de Bracamonte.........25 D3
Rubielos de Mora.............39 D1
Rubio (El).........................55 D1
Rueda..............................13 D3
Rueda de Jalón 16 B3
Ruidera............................37 D3
Ruidoms...........................30 B2
Rute................................56 A1

s

Sa Calobra 40 B2
Sa Pobla..........................41 C2
Sabadell..........................20 B3
Sabero..............................5 D3
Sabiñánigo........................17 D1
Sabinosa..........................50 A3

Sabiote.............................47 C2
Sacedón 27 D3
Saceruela.........................36 A3
Sacramenia......................14 A3
Sada.................................3 C1
Sádaba............................16 B2
Saelices...........................38 A1
S'Agaró............................21 C2
Sagunt / Sagunto.............40 A2
Sagunto / Sagunt.............40 A2
Sahagún...........................13 D1
Salamanca........................25 C1
Salar................................56 B1
Salardú............................18 B1
Salas.................................4 B2
Salas de los Infantes 15 C2
Salceda (La).....................26 B1
Saldaña............................13 D1
Saler (El)..........................40 A3
Salinas..............................5 C1
Sallent.............................19 C3
Sallent de Gállego..............9 D3
Salmerón..........................27 D3
Salmoral...........................25 D2
Salobral (El).....................48 B1
Salobreña.........................57 C2
Salorino............................34 A1
Salou...............................30 B2
Salvacañete......................39 C1
Salvaterra de Miño 10 B1
Salvatierra O Agurain 7 D3
Salvatierra de los Barros..44 A1
Sama de Langreo................5 C2
Samboal...........................26 A1
Samos...............................3 D3
Samper de Calanda...........29 D1
San Adrián.......................16 A2
San Agustín
  del Guadalix 26 B2
San Amaro........................11 C1
San Andrés
  del Rabanedo 13 C1
San Antonio de Portmany / Sant
  Antoni de Portmany 51 C1
San Bartolomé
  de la Torre....................43 D3
San Bartolomé
  de las Abiertas 36 A1
San Carlos del Valle 37 C3
San Clemente...................38 A2
San Cosme........................3 D1
San Cristóbal
  de Entreviñas 13 C2

San Cristóbal de la Vega..26 A1
San Emiliano 4 B3
San Esteban........................4 B1
San Esteban de Gormaz...15 C3
San Esteban del Molar......13 C2
San Esteban del Valle.......25 D3
San Felices
  de los Gallegos 24 A1
San Feliú de Guixols /
  Sant Feliu de Guixols....21 C2
San Fernando...................54 B2
San Ildefonso
  o la Granja....................26 B2
San Isidro.........................58 A3
San Javier........................49 D3
San José...........................58 A3
San Juan de
  los Terreros 58 B2
San Juan del Olmo...........25 D2
San Juan del Puerto.........44 A3
San Leonardo de Yagüe....15 C3
San Lorenzo
  de Calatrava 46 B1
San Lorenzo
  de la Parrilla 38 A1
San Luis de Sabinillas......55 D3
San Martín
  de Castañeda 12 A1
San Martín de la Vega 26 B3
San Martín
  de Mondoñedo................3 D1
San Martín
  de Montalbán 36 B1
San Martín
  de Valdeiglesias 26 A3
San Mateo de Gállego......17 C3
San Miguel de Escalada....13 C1
San Miguel del Arroyo......14 A3
San Millán de la Cogolla...15 C2
San Millán de Lara...........15 C2
San Nicolás
  de Tolentino 51 C3
San Nicolás del Puerto.....45 C2
San Pedro........................48 A1
San Pedro de Alcántara ...55 D3
San Pedro de Latarce.......13 C3
San Pedro de Mérida........34 B3
San Pedro del Arroyo.......25 D2
San Pedro del Pinatar......49 D3
San Pedro Manrique........15 D2
San Pol de Mar /
  Sant Pol de Mar............20 B3
San Rafael........................26 A2

San Roque (A Coruña) 2 B2
San Roque (Cádiz)...........55 C3
San Sadurniño..................3 C1
San Salvador
   de Cantamuda 6 A2
San Sebastián
   de la Gomera 50 B3
San Silvestre
   de Guzmán 43 D3
San Telmo 44 A2
San Vicente
   de Alcántara 34 A2
San Vicente
   de la Barquera 6 A1
San Vincente
   de la Cabeza 12 B2
San Vitero 12 A2
Sanchidrián......................26 A2
Sancti-Spíritus................24 B2
Sancti Petri.....................54 B3
Sando..............................24 B1
Sangarcía........................26 A2
Sangenjo / Sanxenxo..........2 B3
Sangüesa..........................8 B3
Sanlúcar de Barrameda.....54 B2
Sanlúcar de Guadiana......43 D3
Sanlúcar la Mayor............44 B3
Sant Agustí de Lluçanès ..19 D2
Sant Andreu
   de Llavaneres 20 B3
Sant Antoni de Calonge ..21 C2
Sant Antoni de Portmany / San
   Antonio de Portmany 51 C1
Sant Boi de Lluçanès........19 D3
Sant Carles de la Ràpita..30 B3
Sant Celoni 19 D3
Sant Cugat del Vallès 20 B3
Sant Esteve d'En Bas........19 D2
Sant Feliu de Guíxols /
   San Feliú de Guíxols 21 C2
Sant Francesc 51 D2
Sant Hilari Sacalm...........19 D3
Sant Hipòlit de Voltregà...19 D3
Sant Joan d'Alacant 49 D2
Sant Joan de Labritja 51 D1
Sant Joan de
   les Abadesses 19 D2
Sant Josep......................51 C1
Sant Llorenç
   de Morunys 19 C2
Sant Lluís 41 D1
Sant Mateu 30 A3
Sant Miguel de Salinas....49 D3

Sant Miquel 51 D1
Sant Pau de Segúries.......19 D2
Sant Pol de Mar /
   San Pol de Mar 20 B3
Sant Quirze de Besora......19 D2
Sant Quirze Safaja 19 D3
Sant Ramon 18 B3
Sant Sadurní d'Anoia.......20 A3
Sant Vicent del Raspeig...49 D2
Santa Amalia...................35 C3
Santa Ana 38 B3
Santa Bárbara..................30 A3
Santa Bárbara de Casa.....43 D2
Santa Coloma
   de Farners...................21 C2
Santa Coloma
   de Queralt...................31 C1
Santa Colomba
   de Somoza..................12 B1
Santa Comba 2 B2
Santa Cristina de Lena 5 C2
Santa Cruz de Campezo 7 D3
Santa Cruz de la Palma....50 A3
Santa Cruz de la Sierra ...35 C2
Santa Cruz de la Zarza 37 D1
Santa Cruz de Moya 39 C1
Santa Cruz de Mudela.....47 C1
Santa Cruz de Tenerife....50 B3
Santa Cruz del Retamar ...26 A3
Santa Elena.....................47 C2
Santa Eufemia..................45 D1
Santa Eugenia /
   Santa Uxia....................2 A3
Santa Eulalia...................28 B3
Santa Eulalia de Oscos....4 A2
Santa Eulalia del Río /
   Santa Eulària des Riu...51 D1
Santa Eulària des Riu /
   Santa Eulalia del Río...51 D1
Santa Fé 56 B1
Santa Liestra y
   San Quílez 18 A2
Santa Magdalena
   de Pulpís 30 A3
Santa Margalida...............41 C2
Santa Margarida
   i els Monjós................20 A3
Santa María de Huerta......28 A1
Santa María de Nieva.......58 B1
Santa María de Valverde..12 B2
Santa María del Campo ...14 A2
Santa María del
   Campo Rus..................38 A2

Santa María del Páramo ..13 C1
Santa María
   la Real de Nieva...........26 A1
Santa Marina de Valdeón...5 D3
Santa Marina del Rey.......12 B1
Santa Marta.....................34 B3
Santa Marta de Tormes ...25 C1
Santa Olalla....................36 B1
Santa Olalla del Cala.......44 B2
Santa Pau.......................20 B1
Santa Pola......................49 D2
Santa Ponça....................40 B3
Santa Susanna.................21 C3
Santa Uxia /
   Santa Eugenia 2 A3
Santaella.........................45 D3
Santander..........................6 B1
Santanyí..........................41 C3
Santas Martas..................13 C1
Santiago de Alcántara......34 A1
Santiago de Compostela....2 B2
Santiago de la Espada.....48 A2
Santiago de la Ribera.......49 D3
Santibáñez de Béjar.........25 C2
Santibáñez de la Peña......5 D3
Santibáñez de la Sierra ...24 B2
Santibáñez de Vidriales....12 B1
Santillana del Mar............6 A1
Santiponce......................44 B3
Santisteban del Puerto 47 C2
Santo Domingo
   de la Calzada...............15 C1
Santo Domingo de Silos..14 B2
Santo Tomé.....................47 D2
Santoña............................6 B1
Santos (Los)....................25 C2
Santos de
   Maimona (Los).............44 B1
Santurtzi 7 C2
Sanxenxo / Sangenjo.........2 B3
S'Arenal 40 B3
Sariñena 17 D3
Sarón 6 B1
Sarracín 14 B2
Sarral 31 C1
Sarria 3 D3
Sarrión 39 D1
Sástago 29 D1
Sauca..............................27 D2
Saucejo (El)....................55 D1
Sauces (Los)...................50 A3
Saviñán 28 B1
Sax.................................49 D1

Sayatón....................27 D3
Seca (La)..................13 D3
Sedano......................6 B3
Segorbe...................40 A1
Segovia....................26 B2
Segura de la Sierra......47 D2
Segura de Léon..........44 A2
Segura de los Baños....29 C2
Selva del Camp (La)...31 C1
Sena........................17 D3
Sénia (La).................30 A3
Seo de Urgel /
  La Seu d'Urgell........19 C2
Sepúlveda................26 B1
Sequeros..................24 B2
Serón......................58 A2
Serón de Nágima........28 A1
Serós......................30 A1
Serra......................40 A2
Serra de Outes............2 B2
Serrada...................13 D3
Serradilla................35 C1
Sesa.......................17 D3
Seseña....................37 C1
Sesma.....................16 A1
Setcases..................19 D2
Setenil de las Bodegas...55 D2
Seu d'Urgell (La) /
  Seo de Urgel...........19 C2
Sevilla....................44 B3
Sevilleja de la Jara.....36 A2
Sierra de Fuentes.......34 B2
Sierra de Yeguas........55 D1
Sierra Nevada...........57 C1
Sigüenza..................27 D2
Siles......................48 A2
Silla......................40 A3
Silleda.....................3 C3
Sils.......................21 C2
Simancas..................13 D3
Sinarcas..................39 C2
Sineu......................41 C2
Siruela....................35 D3
Sisante....................38 B2
Sitges.....................31 D1
Sobrado dos Monxes......3 C2
Socovos...................48 B2
Socuéllamos.............37 D3
Sodupe.....................7 C2
Solana de los Barros....34 B3
Solana del Pino.........46 B1
Solana (La)...............37 D3
Solares.....................6 B1

Sollana....................40 A3
Sóller.....................40 B2
Solosancho................25 D2
Solsona....................19 C3
Somolinos.................27 C1
Son Servera..............41 C2
Soncillo....................6 B2
Sonseca...................36 B1
Sopeira....................18 A2
Sorbas....................58 A2
Soria......................15 D3
Sort.......................18 B2
Sos del Rey Católico...16 B1
Soses......................30 A1
Sotillo de la Adrada....26 A3
Soto de los Infantes.....4 B2
Soto de Luiña.............4 B1
Soto de Sajambre........5 D2
Soto del Barco............4 B1
Sotogrande...............55 C3
Sotopalacios...............6 B3
Sotrondio..................5 C2
Sotuélamos...............38 A3
Soutelo.....................2 B3
Suances.....................6 B1
Subijana....................7 C3
Sucina.....................49 C3
Sueca......................40 A3
Sueros de Cepeda.......12 B1
Super Molina.............19 C2
Súria......................19 C3

T

Tábara....................12 B2
Tabernas..................58 A2
Taboada.....................3 C3
Tabuenca..................16 A3
Tafalla.....................8 A3
Tahal......................58 A2
Talarrubias...............35 D3
Talaván...................34 B1
Talavera de la Reina....36 A1
Talavera la Real.........34 A3
Talayuela.................35 D1
Talayuelas................39 C1
Tallante...................49 C3
Tamames..................24 B2
Támara....................14 A2
Tamarinda................41 D1
Tamarite de Litera......18 A3
Tapia de Casariego.......4 A1

Tarancón..................37 D1
Tarazona..................16 A3
Tarazona de la Mancha...38 B3
Tardienta..................17 C3
Tarifa.....................55 C3
Tarragona.................31 C2
Tarrasa / Terrassa......20 A3
Tàrrega...................18 B3
Tauste.....................16 B3
Tavernes de la Valldigna..40 A3
Tazones.....................5 C2
Teba......................55 D2
Teguise....................51 D2
Teixeiro....................3 C2
Telde......................51 C3
Tembleque................37 C2
Tendilla...................27 C3
Terrassa / Tarrasa......20 A3
Terriente..................28 B3
Teruel.....................29 C3
Terzaga...................28 A2
Tharsis....................43 D3
Tiemblo (El)..............26 A3
Tierga.....................16 A3
Tíjola.....................58 A2
Tiñosillos.................26 A2
Tineo.......................4 B2
Tírig......................30 A3
Titaguas..................39 C1
Tivenys....................30 A2
Tivissa....................30 A2
Tobarra...................48 B1
Toboso (El)...............37 D2
Tocina.....................45 C3
Toledo.....................36 B1
Tolosa......................8 A2
Tolox......................55 D2
Tomelloso.................37 D3
Tomiño....................10 B1
Tona......................19 D3
Torà.......................18 B3
Tordera...................21 C3
Tordesillas...............13 D3
Tordesilos.................28 B3
Toreno......................4 A3
Torija.....................27 C2
Torla......................17 C2
Tormos....................17 C2
Tornavacas...............25 C3
Toro.......................13 C3
Torquemada..............14 A2
Torralba de Calatrava...37 C3
Torre d'en Besora (La)..29 D3

Torre de Juan Abad..........47 D1
Torre de la Higuera.....54 A1
Torre del Bierzo..........12 B1
Torre del Mar 56 B2
Torre del Valle (La) 13 C2
Torre la Cárcel............28 B3
Torre Pacheco 49 C3
Torrebaja..........39 C1
Torreblanca..............40 B1
Torrecaballeros 26 B2
Torrecampo..........46 A1
Torrecilla en Cameros...15 D2
Torrecillas de la Tiesa ...35 C1
Torredelcampo..........46 B3
Torredembarra 31 C2
Torredonjimeno 46 B3
Torregrossa..........30 B1
Torrejón de Ardoz.......27 C3
Torrejón de la Calzada 26 B3
Torrejón el Rubio 35 C1
Torrejoncillo..........34 B1
Torrejoncillo del Rey 38 A1
Torrelaguna..........27 C2
Torrelapaja..........16 A3
Torrelavega..........6 B1
Torrellano 49 D2
Torrelobatón..........13 D3
Torrelodones 26 B2
Torremegía..........34 B3
Torremocha..........35 C2
Torremolinos 56 A2
Torrent 40 A2
Torrente de Cinca 30 A1
Torrenueva..........47 C1
Torreperogil..........47 C2
Torres del Río..........7 D3
Torrevieja............49 D3
Torrijas..........39 C1
Torrijo..........28 A1
Torrijos..........36 B1
Torroella de Montgrí 21 C2
Torrox..........56 B2
Tórtoles de Esgueva 14 A3
Tortosa..........30 A2
Tossa de Mar..........21 C2
Totana..........48 B3
Trabanca..........24 B1
Trabazos..........12 A2
Tragacete..........28 A3
Traiguera..........30 A3
Trebujena..........54 B2
Tremp..........18 B2
Tresjuncos 38 A2

Trespaderne..........7 C3
Trevélez..........57 C2
Treviño..........7 D3
Trigueros..........44 A3
Trijueque..........27 C2
Trillo..........27 C2
Trubia..........5 C2
Truchas..........12 A1
Trujillo..........35 C2
Tubilla del Agua..........6 B3
Tudela..........16 A2
Tudela de Duero 13 D3
Tui..........10 B1
Tuineje..........51 D3
Turégano..........26 B1
Turís..........39 D2
Turmiel..........28 A2
Turre..........58 B2

U

Úbeda..........47 C2
Ubrique..........55 C2
Uclés..........37 D1
Ugíjar..........57 D2
Uleila del Campo 58 A2
Ulldecona..........30 A3
Uncastillo..........16 B2
Ungilde..........12 A2
Unión (La)..........59 D1
Unquera 6 A1
Urda..........37 C2
Usagre..........44 B1
Useres (Les)..........40 A1
Utebo..........16 B3
Utiel..........39 C2
Utrera..........55 C1
Utrillas..........29 C2

V

Valareña..........16 B2
Valcarlos..........8 B2
Valdecaballeros...........35 D2
Valdecabras..........38 B1
Valdecarros..........25 C2
Valdediós..........5 C2
Valdefuentes..........35 C2
Valdeganga..........38 B3
Valdelacasa de Tajo....35 D1

Valdelinares..........29 D3
Valdemeca..........28 B3
Valdemorillo..........26 B3
Valdemoro..........26 B3
Valdenoceda..........6 C3
Valdepeñas..........47 C1
Valdepeñas de Jaén 46 B3
Valderas..........13 C2
Valderrobres..........30 A2
Valdestillas..........13 D3
Valdeverdeja..........35 D1
Valdevimbre..........13 C1
Valdezcaray..........15 C2
València..........40 A2
Valencia de Alcántara....34 A2
Valencia de Don Juan 13 C1
Valencia de las Torres....44 B1
Valencia del Ventoso....44 B1
Valeria..........38 B1
Valjunquera..........30 A2
Vall d'Alba..........40 A1
Vall d'Uixó (La)..........40 A2
Valladolid..........13 D3
Valldemossa..........40 B2
Valle de Abdalajís..........56 A2
Valle de la Serena..........35 C3
Valle de Matamoros.....44 A1
Vallehermoso..........50 A3
Vallejera de Riofrío.......25 C3
Valls..........31 C1
Valmojado..........26 A3
Valoria la Buena 14 A3
Valpalmas..........17 C2
Valtierra..........16 A2
Valverde..........50 A3
Valverde de Cervera 16 A3
Valverde de Júcar..........38 B2
Valverde de Leganés....34 A2
Valverde del Camino....44 A3
Valverde del Fresno.......24 A3
Vandellós 30 B2
Vargas..........6 B1
Vecilla (La)..........5 C3
Vecinos..........25 C2
Vega de Espinareda........4 A3
Vega de Valcarce..........4 A3
Vegadeo..........4 A1
Vegarienza 4 B3
Vegas del Condado.......5 C3
Veguellina de Órbigo.......12 B1
Veguillas (Las)..........25 C2
Veiga (A)..........11 D1
Vejer de la Frontera....54 B3

Velada 36 A1
Velayos...........................26 A2
Vélez Blanco 48 A3
Vélez de Benaudalla 57 C2
Vélez Málaga.................56 B1
Vélez Rubio....................48 A3
Velilla del Río Carrión....5 D3
Vellés (La) 25 C1
Vendrell (El) 31 C1
Venialbo 13 C3
Venta Nueva 4 A2
Ventas con
    Peña Aguilera.............36 B2
Ventas de Huelma..........56 B2
Vera 58 B2
Verín 11 D2
Vertientes (Las) 48 A3
Vezdemarbán..................13 C3
Viana...............................7 D3
Viana do Bolo 11 D1
Vic 19 D3
Vicálvaro 26 B3
Vidreres.........................21 C2
Vielha 18 A1
Vigo 10 B1
Vila de Cruces.................3 C3
Vila-real / Villarreal 40 A1
Vila-rodona 31 C1
Vila-seca........................31 C2
Vilada 19 C2
Viladamat.......................21 C2
Viladrau 19 D3
Vilafamés 40 A1
Vilafranca 29 D3
Vilafranca
    del Penedès...............20 A3
Vilagarcía de Arousa.......2 B3
Vila Joiosa (La) /
    Villajoyosa..................50 A2
Vilalba / Villalba 3 D2
Vilaller 18 A2
Vilallonga 50 A1
Vilamarxant 39 D2
Vilanova 3 D1
Vilanova d'Alcolea.........40 B1
Vilanova i la Geltrú /
    Villanueva y Geltrú 31 C1
Vilanova de Arosa...........2 B3
Vilanova de Sau 19 D3
Vilar de Barrio 11 C1
Vilches...........................47 C2
Villablanca 43 D3
Villablino 4 B3

Villabona 8 A2
Villabrágima 13 D2
Villabuena del Puente......13 C3
Villacañas......................37 D2
Villacarriedo....................6 B2
Villacarrillo....................47 D2
Villacastín......................26 A2
Villada 13 D2
Villa de
    Don Fadrique (La) 37 D2
Villa del Prado...............26 A3
Villa del Río...................46 A2
Villadiego.........................6 A3
Villaescusa de Haro 38 A2
Villafáfila 13 C2
Villaflores 25 D1
Villafranca 16 A2
Villafranca del Bierzo 4 A3
Villafranca
    de los Barros.............44 B1
Villafranca
    de los Caballeros 37 C2
Villafranca-Montes
    de Oca......................15 C1
Villafranco del
    Guadalquivir..............54 B1
Villafrechós 13 C2
Villafruela 14 B2
Villafuerte......................14 A3
Villager de Laciana.........4 B3
Villaharta.......................45 D2
Villahermosa..................47 D1
Villahoz..........................14 B2
Villajoyosa /
    La Vila Joiosa............50 A2
Villalba / Vilalba 3 D2
Villalba de Guardo.........13 D1
Villalba de la Sierra 28 A3
Villalba de los Barros 44 B1
Villalba del Rey 27 D3
Villalcázar de Sirga 14 A1
Villalgordo
    del Marquesado.........38 A2
Villalón de Campos..........13 D2
Villalpando.....................13 C2
Villalpardo 39 C2
Villaluenga.....................28 A1
Villamañán 13 C1
Villamanrique.................47 D1
Villamanrique
    de la Condesa............54 B1
Villamartín 55 C2
Villamartín de Campos......13 D2

Villamayor......................17 C3
Villamayor de Santiago...37 D2
Villamayor de Campos...13 C2
Villanubla 13 D3
Villanueva de la Sierra ...24 A3
Villanueva de los Infantes .47 D1
Villanueva del Rey 45 D2
Villanueva y Geltrú /
    Vilanova i la Geltrú.....31 C1
Villanueva de Alcardete ..37 D2
Villanueva de Alcorón 28 A2
Villanueva de Algaidas....56 A1
Villanueva de Argaño......14 B1
Villanueva de Bogas.......37 C1
Villanueva de Cameros ...15 D2
Villanueva de Córdoba....46 A1
Villanueva de Franco......37 C3
Villanueva de Gállego 17 C3
Villanueva
    de la Concepción 56 A2
Villanueva de la Fuente...47 D1
Villanueva de la Jara 38 B2
Villanueva de la Reina....46 B2
Villanueva del Arzobispo .47 D2
Villanueva de la Serena ..35 C3
Villanueva de las Torres...47 C3
Villanueva de la Vera.....25 C3
Villanueva del Campo.....13 C2
Villanueva del Duque 45 D1
Villanueva del Fresno 43 D1
Villanueva del Huerva 29 C1
Villanueva de
    los Castillejos 43 D3
Villanueva del
    Río y Minas 45 C3
Villanueva del Trabuco...56 A1
Villanueva de San Carlos...46 B1
Villaquejida....................13 C2
Villaquilambre.................13 C1
Villar de Peralonso.........24 B1
Villarcayo........................6 B2
Villar de Arnedo (El) 16 A2
Villar de Cañas...............38 A1
Villardeciervos................12 B2
Villar de Domingo García..28 A3
Villardefrades.................13 C3
Villar del Arzobispo 39 D2
Villar del Rey 34 A2
Villarejo de Fuentes.......38 A1
Villarejo de Salvanés.....27 C3
Villarente......................13 C1
Villares (Los).................46 B3
Villares de la Reina.......25 C1

Villares del Saz.................38 A1
Villargarcía del Llano........38 B3
Villargordo del Cabriel 39 C2
Villaricos 58 B2
Villarino 12 A3
Villarroya...........................16 A2
Villaroya de los Pinares....29 C3
Villarquemado 28 B3
Villarramiel 13 D2
Villarreal / Vila-real 40 A1
Villarrín de Campos..........13 C2
Villarrobledo.....................38 A3
Villarroya de la Sierra.......28 B1
Villarrubia de los Ojos......37 C3
Villarrubia de Santiago......37 D1
Villarrubio 37 D1
Villarta de San Juan 37 C3
Villasana de Mena..............7 C2
Villasandino 14 A1
Villasante de Montija..........6 B2
Villasarracino 6 A3
Villaseco de los Reyes......24 B1
Villasequilla......................37 C1
Villatobas 37 D1
Villatoya 39 C3
Villaverde del Río..............44 B3
Villaviciosa 5 C2
Villaviciosa de Córdoba....45 D2
Villaviciosa de Odón........26 B3
Villavieja de Yeltes...........24 B1
Villel.................................39 C1
Villena 49 D1
Villoldo.............................13 D2
Villoria 25 C1
Vimianzo 2 A2
Viñas (Las) 46 B2

Viñuelas 27 C2
Vinaixa 30 B1
Vinarós 30 A3
Vinuesa 15 C3
Virgen del Camino (La) 13 C1
Viso (El)............................45 D1
Viso del Alcor (El) 45 C3
Viso del Marqués.............47 C1
Vistabella del Maestrat.....29 D3
Vitigudino 24 B1
Vitoria-Gasteiz 7 D3
Viveiro 3 D1
Vivel del Río Martín.........29 C2
Viver 39 D1
Viveros 48 A1

X

Xàbia / Jávea...................50 A1
Xàtiva / Játiva.................39 D3
Xeresa 40 A3
Xert 30 A3
Xerta................................30 A2
Xinzo de Limia 11 C1
Xixona 49 D1
Xubia 3 C1
Xunqueira de Ambía 11 C1

Y

Yanguas 15 D2
Yébenes (Los).................37 C2
Yebra 27 C3
Yecla................................49 C1

Yepes...............................37 C1
Yesa...................................8 B3
Yesa (La) 39 D1
Yeste.................................48 A2
Yuncos 37 C1
Yunquera 55 D2
Yunquera de Henares.......27 C2

Z

Zafarraya.........................56 B2
Zafra 44 B1
Zahara de los Atunes.....54 B3
Zahinos 44 A1
Zaidín 30 A1
Zalamea de la Serena.......45 C1
Zalamea la Real...............44 A3
Zalla 7 C2
Zambrana 7 C3
Zamora.............................12 B3
Zaorejas 28 A2
Zaragoza 17 C3
Zaratán 13 D3
Zarautz...............................8 A2
Zarcilla de Ramos.............48 B3
Zarza la Mayor 34 B1
Zestoa................................8 A2
Ziorraga.............................7 C2
Zorita 35 C2
Zucaina.............................40 A1
Zuera 17 C3
Zufre 44 B2
Zújar 57 D1
Zumaia 8 A2
Zumarraga 7 D2

Portugal

A

Abela 42 B1
Abrantes...................33 C1
Águeda.....................22 B2
Aguiar......................43 C1
Aguiar da Beira 23 D1
Alandroal..................33 D3
Albergaria-a-Velha......22 B1
Albernoa...................43 C2
Albufeira...................52 B1
Alcácer do Sal 42 B1
Alcáçovas 43 C1
Alcafozes..................23 D3
Alcains.....................23 D3
Alcanede...................32 B1
Alcanena...................32 B1
Alcanhões.................32 B2
Alcantarilha...............52 B1
Alcaria Ruiva.............43 C2
Alcobaça..................32 B1
Alcochete..................32 B3
Alcoutim...................43 D3
Aldeia Gavinha...........32 A2
Aldeia da Ponte..........24 A2
Alenquer...................32 B2
Alfambra...................42 A3
Alfândega da Fé.........11 D3
Alfeizerão.................32 B1
Algoz.......................42 B3
Alijó........................11 C3
Aljezur......................42 A3
Aljustrel....................42 B2
Almada.....................32 A3
Almancil...................53 C1
Almeida....................24 A2
Almeirim...................32 B2
Almodôvar................43 C3
Alpalhão...................33 D1
Alpedrinha................23 D3
Alpiarça...................32 B2
Alqueva....................43 D1
Alter do Chão............33 D2
Alvaiázere.................22 B3
Alvalade...................42 B2
Alverca do Ribatejo 32 B2
Alvito.......................43 C1
Alvor.......................42 B3
Amadora...................32 A3

Amarante 10 B3
Amareleja..................43 D1
Amares....................10 B2
Ameixial...................43 C3
Anadia.....................22 B2
Ansião.....................22 B3
Arazede...................22 B2
Arco de Baulhe..........11 C3
Arcos de Valdevez 10 B2
Arez........................33 D1
Arganil.....................23 C3
Armação de Pêra........52 B1
Armamar...................23 D1
Arouca.....................23 C1
Arraiolos...................33 C3
Arrifana....................23 D2
Arronches..................34 A2
Arruda dos Vinhos......32 A2
Atouguia da Baleia......32 A1
Aveiras de Cima.........32 B2
Aveiro......................22 B1
Avintes....................10 B3
Avis.........................33 D2
Azambuja..................32 B2
Azaruja....................33 D3
Azinheira dos Barros ...42 B1

B

Baião......................10 B3
Baleal......................32 A1
Baleizão...................43 C2
Barca de Alva 24 A1
Barcelos 10 B2
Barqueiro.................22 B3
Barrancos.................44 A2
Barranco Velho..........43 C3
Barreiro...................32 A3
Batalha....................32 B1
Beja........................43 C2
Belmonte..................23 D2
Bemposta.................33 C1
Benavente.................32 B2
Beringel...................43 C1
Boliqueime................52 B1
Bombarral.................32 A1
Borba......................33 D3
Bornes.....................11 D3

Boticas....................11 C2
Bouro......................10 B2
Braga......................10 B2
Bragança.................12 A2
Bravães...................10 B2
Brinches...................43 D2
Brotas.....................33 C3
Buarcos...................22 A2
Bucelas...................32 A2

C

Cabeceiras de Basto 11 C3
Cabeço de Vide..........33 D2
Cacela Velha.............53 C1
Cachopo...................43 C3
Cadaval...................32 B2
Caldas das Taipas.......10 B3
Caldas da Rainha.......32 B1
Caldas de Vizela........10 B3
Caldelas...................10 B2
Cambas....................23 C3
Caminha...................10 A2
Campo de Besteros.....23 C2
Campo Maior............34 A2
Canas de Senhorim.....23 C2
Canha......................32 B3
Cantanhede..............22 B2
Caramulo 23 C2
Caria.......................23 D3
Carrapateira..............42 A3
Carrazeda de Ansiães......11 D3
Carrazedo
de Montenegro 11 D3
Carregado.................32 B2
Carregal do Sal 23 C2
Cartaxo....................32 B2
Carviçais..................24 A1
Carvoeiro 52 B1
Casa Branca
(Portalegre)..............33 D2
Casa Branca (Setúbal).....42 B1
Cascais....................32 A3
Castanheira de Pêra....22 B3
Castelo Branco...........33 D1
Castelo de Paiva........23 C1
Castelo de Vide..........33 D1
Castro Daire..............23 C1

Castro Laboreiro 11 C1
Castro Marim..................53 D1
Castro Verde..................43 C2
Celorico da Beira.............23 D2
Celorico de Basto 11 C3
Cercal (Lisboa) 32 B2
Cercal (Setúbal).............42 B2
Cerdeira......................23 D2
Cernache
  de Bonjardim...............22 B3
Chamusca 33 C1
Chaves........................11 D2
Chouto........................33 C2
Cinfães 23 C1
Coimbra 22 B2
Coina.........................32 A3
Colares.......................32 A2
Comporta......................42 B1
Condeixa-a-Nova...............22 B3
Constância 33 C1
Coruche 32 B2
Costa de Caparica.............32 A3
Costa de Santo André 42 A1
Couço 33 C2
Covilhã 23 D3
Crato.........................33 D2
Cruzamento de Pegões 32 B3
Cruz da Légua 32 B1
Cuba..........................43 C1
Curia 22 B2

D – E

Darque........................10 A2
Degracias 22 B3
Elvas.........................34 A3
Entre-os-Rios 23 C1
Entroncamento.................33 C1
Ericeira......................32 A2
Ermidas-Aldeia................42 B2
Ervidel 43 C2
Escalos de Cima...............23 D3
Esmoriz 22 B1
Espinho 22 B1
Esposende 10 A2
Estarreja 22 B1
Estói.........................53 C1
Estoril.......................32 A3
Estremoz 33 D3
Évora.........................33 C3
Évoramonte 33 D3

F

Fafe..........................10 B3
Faro 53 C2
Fátima 32 B1
Feces de Abaixo...............11 D2
Felgueiras 10 B3
Ferreira do Alentejo 43 C1
Ferreira do Zêzere 33 C1
Ferreiras.....................52 B1
Figueira da Foz 22 A3
Figueira
  de Castelo Rodrigo 24 A1
Figueiró dos Vinhos...........22 B3
Flor da Rosa 33 D2
Fornos de Algodres 23 D2
Foz do Arelho 32 A1
Foz Giraldo 23 C3
Fratel 33 D1
Freixedas.....................23 D2
Freixo
  de Espada a Cinta 24 A1
Fronteira.....................33 D2
Funchal.......................52 A3
Fundão 23 D3
Furadouro 22 B1
Fuzeta 53 C2

G

Galveias 33 C2
Garvão........................42 B2
Gavião........................33 D1
Gerês 10 B2
Góis 23 C3
Golegã........................33 C1
Gondomar......................10 B3
Gouveia 23 D2
Grândola 42 B1
Granja........................43 D1
Guarda 23 D2
Guimarães 10 B3

I – J

Idanha-a-Nova.................23 D3
Ílhavo........................22 B2
Izeda.........................12 A3
Juromenha 34 A3

L

Ladoeiro 34 A1
Lagoa.........................42 B3
Lagoaça.......................24 A1
Lagos.........................42 A3
Lamego 23 C1
Lavre.........................33 C3
Leiria 22 A3
Lindoso 10 B2
Lisboa........................32 A3
Loriga 23 C2
Loulé.........................53 C1
Loures 32 A2
Louriçal 22 A3
Lourinhã 32 A1
Lousa.........................32 A2
Lousã 22 B3
Lousada.......................10 B3
Luso..........................22 B2

M

Mação.........................33 C1
Macedo de Cavaleiros.........11 D3
Mafra.........................32 A2
Maia..........................10 B3
Malpica do Tejo...............34 A1
Malveira
  (perto de Estoril) 32 A3
Malveira
  (perto de Mafra) 32 A2
Mamarrosa.....................22 B2
Mangualde.....................23 C2
Manteigas.....................23 D2
Marateca......................32 B3
Marco de Canaveses 10 B3
Marinha Grande...............22 A3
Martim Longo 43 C3
Martingança...................32 B1
Marvão........................33 D2
Mateus 11 C3
Matosinhos 10 A3
Mealhada 22 B2
Mêda 23 D1
Medelim 23 D3
Meimoa 23 D3
Melgaço 10 B1
Melides.......................42 B1
Mértola 43 C2
Mesão Frio 11 C3
Milhão 12 A2
Mina de São Domingos ...43 D2

Mira......................22 B2
Mira de Aire...............32 B1
Miramar...................10 A3
Miranda do Corvo..........22 B3
Miranda do Douro..........12 B3
Mirandela.................11 D3
Mogadouro.................12 A3
Moimenta..................11 D2
Moimenta da Beira.........23 D1
Moita.....................32 A3
Moledo do Minho...........10 A2
Monção....................10 B1
Moncarapacho..............53 C2
Monchique.................42 B3
Mondim de Basto...........11 C3
Monforte..................33 D2
Monsanto..................23 D3
Monsaraz..................43 D1
Montalegre................11 C2
Montalvão.................33 D1
Montargil.................33 C2
Monte Redondo.............22 A3
Monte da Pedra............33 D2
Montemor-o-Novo...........33 C3
Montemor-o-Velho..........22 B2
Monte Real................22 A3
Montijo...................32 B3
Montoito..................43 D1
Mora......................33 C2
Morais....................12 A3
Mortágua..................22 B2
Moura.....................43 D1
Mourão....................43 D1
Muge......................32 B2
Murça.....................11 D3
Murtosa...................22 B1

N

Nave Redonda..............42 B3
Nazaré....................32 B1
Nelas.....................23 C2
Nisa......................33 D1

O

Òbidos....................32 A1
Odeceixe..................42 A3
Odeleite..................43 D3
Odemira...................42 B2
Odivelas..................43 C1
Oeiras....................32 A3

Ofir......................10 A2
Oleiros...................23 C3
Olhão.....................53 C2
Oliveira de Azeméis.......22 B1
Oliveira de Frades........23 C1
Oliveira do Bairro........22 B2
Oliveira do Douro.........23 C1
Oliveira do Hospital......23 C3
Orvalho...................23 C3
Ourém.....................33 C1
Ourique...................42 B2
Ovar......................22 B1

P

Paço de Sousa.............10 B3
Paços de Ferreira.........10 B3
Paderne...................42 B3
Palmela...................32 B3
Pampilhosa................22 B2
Pampilhosa da Serra.......23 C3
Paradela..................11 C2
Paredes...................10 B3
Paredes de Coura..........10 B2
Paúl......................23 C3
Pavia.....................33 C3
Pedras Salgadas...........11 C3
Pedrógão (Beja)...........43 C1
Pedrógão (Leiria).........22 A3
Pedrógão Grande...........22 B3
Pega......................23 D2
Penacova..................22 B2
Penafiel..................10 B3
Penalva do Castelo........23 C2
Penamacor.................23 D3
Penedono..................23 D1
Penela....................22 B3
Penhas da Saúde...........23 D2
Penhas Juntas.............11 D2
Peniche...................32 A1
Peralva...................43 C3
Peso da Régua.............11 C3
Pinhal Novo...............32 B3
Pinhão....................11 C3
Pinheiro..................10 B2
Pinhel....................24 A1
Pombal....................22 B3
Pontão....................22 B3
Ponte da Barca............10 B2
Ponte de Lima.............10 B2
Ponte de Sor..............33 C2
Portalegre................33 D2
Portel....................43 C1
Portelo...................12 A2

Portimão..................42 B3
Portinho da Arrábida......32 A3
Porto.....................10 B3
Porto Alto................32 B2
Porto Moniz...............52 A3
Porto de Lagos............42 B3
Porto de Mós..............32 B1
Póvoa de Lanhoso..........10 B2
Póvoa de Varzim...........10 A3
Praia da Tocha............22 A2
Praia da Barra............22 B1
Praia da Rocha............52 B1
Praia da Vieira...........22 A3
Praia de Mira.............22 B2
Praia de Santa Cruz.......32 A2
Proença-a-Nova............33 D1

Q

Quarteira.................52 B2
Queluz....................32 A3
Quintanilha...............12 A2

R

Rates.....................10 A3
Rebordelo.................11 D2
Redondo...................33 D3
Reguengos de Monsaraz.....43 D1
Resende...................23 C1
Ribeira de Pena...........11 C3
Rio Maior.................32 B1
Rosmaninhal...............34 A1
Rossio ao Sul do Tejo.....33 C1
Rubiães...................10 B2

S

Sabóia....................42 B3
Sabrosa...................11 C3
Sabugal...................23 D2
Sacavém...................32 A2
Safara....................43 D1
Sagres....................52 A1
Salgueiro do Campo........23 C3
Salto.....................11 C2
Salvaterra de Magos.......32 B2
Sande.....................23 C1
Santa Catarina
  da Fonte do Bispo.......53 C1
Santa Clara-a-Velha.......42 B3

Santa Comba Dão............23 C2
Santa Comba de Rosas.....12 A3
Santa Eulália....................34 A2
Santa Luzia.....................42 B2
Santa Margarida
   do Sádão 42 B1
Santa Maria da Feira.......22 B1
Santa Marta
   de Penaguião 11 C3
Santana (Madeira).........52 A3
Santana (Setúbal)..........32 A3
Santana da Serra............42 B3
Santarém.......................32 B2
Santiago do Cacém 42 B1
Santiago do Escoural 33 C3
Santo Estêvão (Guarda) ..23 D3
Santo Estêvão
   (Santarém).................32 B2
Santo Tirso....................10 B3
São Bartolomeu
   de Messines 42 B3
São Brás de Alportel 53 C1
São Cristóvão.................33 C3
São Domingos................42 B2
São Gregório..................10 B1
São Jacinto....................22 B1
São João da Madeira......22 B1
São João da Pesqueira....23 D1
São João de Tarouca.......23 C1
São João
   dos Caldeireiros..........43 C3
São José de Lamarosa.....33 C2
São Leonardo.................23 D1
São Manços....................43 C1
São Marcos da Serra.......42 B3
São Marcos do Campo.....43 D1
São Martinho
   das Amoreiras.............42 B2
São Martinho do Porto....32 B1
São Matias.....................43 C1
São Miguel de Machede..33 D3
São Pedro da Torre 10 B1
São Pedro de Moel 22 A3
São Pedro do Sul............23 C1
São Romão.....................23 C2
São Teotónio..................42 A3
São Vicente da Beira.......23 D3
Sapataria.......................32 A2
Sardoal..........................33 C1
Sarzedas.......................23 C3
Sátão............................23 C1
Segura...........................34 A1
Seia...............................23 C2
Seixal............................32 A3
Sendim..........................12 A3

Sernancelhe...................23 D1
Serpa.............................43 D2
Sertã.............................22 B3
Sesimbra.......................32 A3
Setúbal..........................32 B3
Sever do Vouga..............22 B1
Silvares.........................23 C3
Silves............................42 B3
Sines.............................42 A1
Sintra............................32 A2
Sobral da Adiça..............43 D2
Sobral de Monte Agraço..32 A2
Sobreira Formosa............33 D1
Soure.............................22 B3
Sousel...........................33 D3

T - U

Tábua...........................23 C2
Tabuaço........................23 D1
Taipadas........................32 B3
Tanganheira...................42 B2
Tarouca.........................23 C1
Tavira............................53 C1
Teixoso..........................23 D2
Terena...........................33 D3
Termas de Monfortinho...24 A3
Terras de Bouro 10 B2
Tocha.............................22 B2
Tolosa............................33 D1
Tomar............................33 C1
Tondela..........................23 C2
Torrão............................43 C1
Torre de Dom Chama......11 D2
Torre de Moncorvo..........24 A1
Torreira 22 B1
Torres Novas..................33 C1
Torres Vedras.................32 A2
Tortosendo....................23 D3
Trafaria.........................32 A3
Tramagal.......................33 C1
Trancoso........................23 D1
Trindade........................11 D3
Trofa
   (perto de Felgueiras)..10 B3
Trofa (perto de
   Santo Tirso)..............10 B3
Unhais da Serra.............23 C3

V - Z

Vagos...........................22 B2
Valadares.......................10 A3
Vale de Açor..................43 C2

Vale de Cambra..............22 B1
Vale de Estrela 23 D2
Vale de Prazeres............23 D3
Valença do Minho...........10 B1
Valhelhas.......................23 D2
Valongo.........................10 B3
Valpaços........................11 D3
Veiros............................33 D3
Venda Nova....................11 C2
Vendas Novas................32 B3
Viana do Alentejo...........43 C1
Viana do Castelo............10 A2
Vidago...........................11 C2
Vidigueira.......................43 C1
Vieira de Leiria...............22 A3
Vieira do Minho 10 B2
Vila Baleira.....................52 A3
Vila do Conde.................10 A3
Vila Fernando..................33 D3
Vila Flor.........................11 D3
Vila Nogueira
   de Azeitão...................32 A3
Vila Nova
   de Santo André............42 A1
Vila Verde......................10 B2
Vila Boim 34 A3
Vila de Rei.....................33 C1
Vila do Bispo.................42 A3
Vila Franca das Naves.....23 D2
Vila Franca de Xira.........32 B2
Vila Nova da Barquinha...33 C1
Vila Nova de Cerveira.....10 B1
Vila Nova de Famalicão...10 B3
Vila Nova de Foz Côa......23 D1
Vila Nova de Gaia...........10 B3
Vila Nova de Milfontes.....42 A2
Vila Nova de Paiva..........23 C1
Vila Nova de Poiares.......22 B3
Vila Nova de São Bento...43 D2
Vila Pouca de Aguiar.......11 C3
Vila Praia de Âncora........10 A2
Vilar Formoso.................24 A2
Vila Real........................11 C3
Vila Real
   de Santo António.........53 D1
Vila Velha de Ródão........33 D1
Vila Verde da Raia..........11 D2
Vila Verde de Ficalho......43 D2
Vila Viçosa.....................33 D3
Vimieiro.........................33 D3
Vímioso..........................12 A3
Vinhais..........................11 D2
Viseu.............................23 C2
Vouzela.........................23 C1
Zebreira.........................34 A1

**Tous droits réservés. Aucune partie de cette publication ne peut être reproduite
ou enregistrée sous aucune forme ou par aucun moyen de duplication électronique,
mécanique, reprographique ou autre sans la permission des éditeurs et des propriétaires des droits.**

Dressée par la Manufacture Française des Pneumatiques MICHELIN
© MICHELIN et Cie, propriétaires-éditeurs, 2004
Sté en commandite par actions au capital de 304 000 000 EUR
R.C.S. Clermont-Ferrand B 855 200 507 - Place des Carmes-Déchaux 63 Clermont-Ferrand (France)
Imprimé en France - IME 25112 Baume-les-Dames - Made in France - DL : JANVIER 2005